COLLECTION

DE

M. LE COMTE

ARMAND DORIA

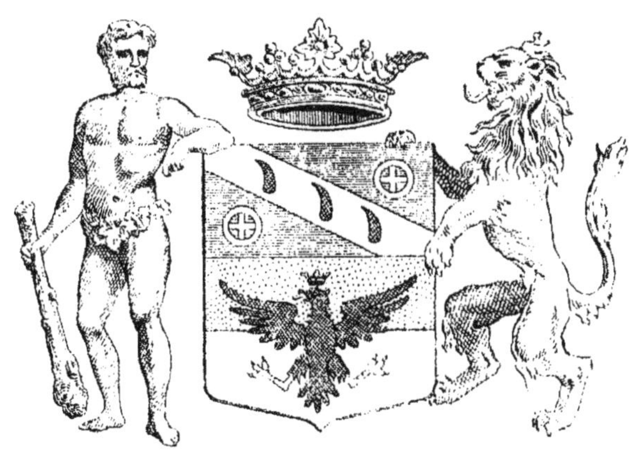

Mᵉ PAUL CHEVALLIER

COMMISSAIRE-PRISEUR

M GEORGES PETIT

EXPERT

PARIS

IMPRIMERIE GEORGES PETIT

12, RUE GODOT-DE-MAUROI, 12

COLLECTION

DE

M. LE COMTE ARMAND DORIA

CONDITIONS DE LA VENTE

La vente sera faite au comptant.

Les acquéreurs paieront *cinq pour cent* en sus des adjudications.

Paris. — Imprimerie Georges Petit, 12, rue Godot-de-Mauroi.

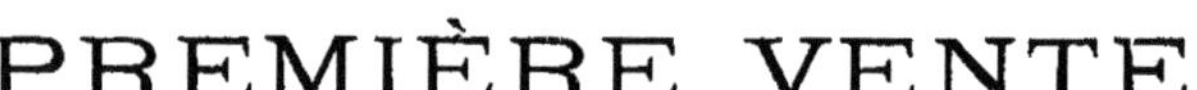

PREMIÈRE VENTE

CATALOGUE

DE

TABLEAUX

MODERNES

ŒUVRES IMPORTANTES DE

BARYE, BOUDIN, CALS, CÉZANNE, COLIN, COROT
DAUBIGNY, DAUMIER, DIAZ
FANTIN-LATOUR, GUILLAUMIN, JONGKIND, LÉPINE, MANET
MILLET, MONET, BERTHE MORIZOT
PISSARRO, RENOIR, ROUSSEAU, SISLEY, TASSAERT
TROYON, VIGNON, ETC.

DONT LA VENTE AURA LIEU

GALERIE GEORGES PETIT

8 — RUE DE SÈZE — 8

Les Jeudi 4 et Vendredi 5 Mai 1899

A DEUX HEURES PRÉCISES

<hr>

COMMISSAIRE-PRISEUR	EXPERT
Mᶜ PAUL CHEVALLIER	**M. GEORGES PETIT**
10, rue Grange-Batelière, 10	*12, rue Godot-de-Mauroi, 12*

<hr>

EXPOSITIONS

PARTICULIÈRE : *Le Mardi 2 Mai 1899, de 1 heure à 5 heures.*
PUBLIQUE : *Le Mercredi 3 Mai 1899, de 10 heures à 5 heures.*

DEUXIÈME VENTE

AQUARELLES

ET

Pastels

PAR

BARYE, BOUDIN, CALS, COROT
DAUMIER, DELACROIX, GOYA, JONGKIND, MANET
MILLET, ROUSSEAU

DESSINS

PAR

BARYE, CALS, COROT, DAUMIER, DECAMPS
DELACROIX, DIAZ, FROMENTIN, GOYA, JONGKIND, MILLET
MONNIER, RIBOT, ROUSSEAU, TROYON

GRAVURES

PAR

BONINGTON, BRACQUEMOND, BUOT, COROT
DAUBIGNY, DELACROIX, DESBOUTIN, FORTUNY
SEYMOUR HADEN

Bronzes par Barye

DONT LA VENTE AURA LIEU

GALERIE GEORGES PETIT

8 — RUE DE SÈZE — 8

Les Lundi 8 et Mardi 9 Mai 1899

A DEUX HEURES PRÉCISES

COMMISSAIRE-PRISEUR	EXPERT
Me PAUL CHEVALLIER	M. GEORGES PETIT
10, rue Grange-Batelière, 10	*12, rue Godot-de-Mauroi, 12*

EXPOSITIONS

PARTICULIÈRE : *Le Samedi 6 Mai 1899, de 1 heure à 5 heures.*
PUBLIQUE : *Le Dimanche 7 Mai 1899, de 10 heures à 5 heures.*

TABLEAUX

BARYE (Antonin-Louis)

1 — *Biches au repos.*

Au bas d'une pente, où les rochers sont à demi cachés par des genêts, deux biches, à droite, couchées sur leurs pattes, se reposent, l'œil attentif cependant.
Signé à gauche, en bas, du timbre de la vente.
Au dos, le cachet de la vente Barye.

Toile. Haut., 22 cent.; larg., 3o cent. 1/2.

Vente Barye, n° 8o.

2 — *Gorges d'Apremont, forêt de Fontainebleau.*

Signé à gauche, en bas, du timbre de la vente.
Au dos, le cachet de la vente Barye.

Toile. Haut., 16 cent. 1/2 ; larg., 20 cent

Vente Barye, n° 8.

BERCHÈRE (Narcisse)

3 — *Côtes de Syrie.*

Signé à gauche, en bas, du timbre de la vente.

Toile. Haut., 20 cent. ; larg., 31 cent.

4 — *Le Nil.*

Sur le Nil, une barque, dont la grande voile, enflée par le vent, sert d'écran au soleil levant. A droite, d'autres voiles ; à gauche, au fond, les Pyramides.
Signé à droite, en bas, du cachet de la vente posthume de l'artiste.

Toile. Haut., 20 cent.; larg., 29 cent. 1/2.

BOUDIN (Eugène)

5 — *La sortie du Port, à Honfleur.*

Un bâtiment, les voiles gonflées, franchit la passe ; à
gauche, un canot s'en éloigne, au battement rapide des avirons.
A droite, au delà du quai, de la jetée, un sloop de pêche gagne
le large, ses voiles brunes déployées ; et, en deçà de la jetée,
d'autres barques sont amarrées ou manœuvrées par des rameurs.

La mer est glauque, avec une infinité de petites vagues bri-
sées ; au ciel bleu montent de grands nuages blancs et gris, où
se joue la lumière d'un soleil lent à se montrer.

Signé à droite, en bas : *E. Boudin, 1864.*

Toile. Haut., 14 cent. 1/2 ; larg., 55 cent.

6 — *Coup de vent.*

La sortie du port. A gauche, la berge, où des bateaux sont
échoués. A droite, des bâtiments aux mâtures grinçant sous la
tension des cordages, aux voiles où le vent souffle avec violence.

A l'horizon, à gauche, des collines dessinent leurs lignes
aux vallonnements doux, sous le ciel dont l'azur est parfois
caché par de gros nuages de pluie ; la fumée qui monte de
terre, du même côté, se mêle aux nuages.

L'eau est turbulente, mais les vagues multiples ne se haus-
sent pas au spasme tumultueux.

Signé à droite, en bas : *E. Boudin, 1864.*

Toile. Haut., 42 cent. ; larg., 45 cent.

BOULARD (Auguste)

7 — *Un Grain.*

Sur la mer, dont la vague est soulevée par un spasme
furieux, des bateaux, aux voiles gonflées, gagnent le large. Le
ciel, chargé de tempête, s'éclaire à l'horizon.

Signé à droite, en bas.

Toile. Haut., 35 cent. ; larg., 58 cent.

8 — *Mer démontée.*

Sous un ciel sombre, la mer en furie, dont les vagues
soulevées ont la crête chargée d'écume blanche.

Signé à droite, en bas.

Panneau. Haut., 27 cent. ; larg., 46 cent. 1/2.

CALS (Adolphe-Félix)

9 — *L'Anxiété.*

Dans l'humble foyer du pêcheur, la femme assise attend le retour de son « homme ». Elle écoute la tempête qui gronde dehors : la tête est tournée de face, les cheveux noirs pris sous un fichu blanc. Elle tient près de ses genoux son fils, rose et blond, qui sourit, ses deux petites mains sur la main maternelle, fatiguée et alourdie par les labeurs domestiques.

Le Comte Armand Doria, qui avait une prédilection toute particulière pour cette œuvre, en a laissé une description très dramatique, que voici :

> « La tempête mugit au dehors, il fait froid, le feu brille dans l'âtre. L'heure du retour est arrivée ; pleine d'anxiété, la mère prête l'oreille aux bruits du dehors.
>
> » L'enfant, sans trop savoir pourquoi, devine la préoccupation de sa mère ; cette dernière, heureuse de presser de la main ce cher petit, qui appuie sur ces genoux sa tête charmante, reste néanmoins dominée par l'inquiétude et la crainte.
>
> » Ces diverses sentiments sont rendus avec un rare bonheur. La simple et sévère honnêteté de la femme constraste avec le charme, la gentillesse, le naturel de l'enfant. »

Signé à gauche, en bas : *Cals. Honfleur, 1877.*

Haut., 90 cent. 1/2; larg., 74 cent. 1/2.

10 — *Intérieur de Cour, à Honfleur.*

A gauche, au fond, à droite, les vieilles maisons de bois aux fenêtres larges, au crépit brûlé par le soleil. De place en place, des petits pots de fleurs, des cages à serins ; à gauche, sous un hangar, des linges sèchent sur des cordes tendues ; au fond, du même côté, une voûte conduit à d'autres cours et à d'autres constructions.

Dans la cour, trois ménagères, près d'une brouette, sont occupées à des besognes domestiques : l'une, en caraco rouge, est accroupie par terre ; une autre se tient debout, de trois quarts à droite, les deux poings aux hanches ; une troisième, vue de dos, porte au bras un panier.

Au-dessus du toit, le ciel apparaît bleu.

Signé au milieu, à gauche : *Cals, 1872. Honfleur.*

Toile. Haut., 54 cent. 1/2; larg., 64 cent. 1/2.

CALS (Adolphe-Félix)

11 — *La Veillée.*

Dans l'intérieur rustique, à la clarté de la lampe fumeuse, l'homme fait la lecture ; il est vu de trois quarts, le visage en pleine lumière.

De l'autre côté de la table, la femme, de profil, raccommode son linge. Devant elle, sur une chaise, le chat sommeille et ronronne, dans cette chaude atmosphère de foyer et de famille.

Signé à droite, en haut : *Cals, 1861.*

Toile. Haut., 53 cent. 1/2 ; larg., 52 cent.1/2.

Exposition centennale de 1889.

12 — *Ferme normande.*

Dans une éclaircie, en plein bois, la ferme dresse son toit de chaume, où le soleil met des stries blondes.

A droite, un paysan s'avance, son outil sur l'épaule.

Dans l'herbe claire, des poules et un pourceau cherchent leur nourriture.

Au milieu, vers la gauche, un bel arbre occupe le haut d'un pli de terrain.

A droite, au fond, la ligne du ciel gris bleu est ourlée par les cimes serrées des arbres en pleine floraison.

Signé à gauche, en bas : *Cals. Honfleur, 1878.*

Toile. Haut., 39 cent. 1/2 ; larg., 64 cent.

13 — *La mère Barberye (1869).*

Un intérieur rustique, que le soleil visite d'une blonde caresse, par la fenêtre close.

A gauche, sur le buffet, un gros pain ; au-dessus, ornant l'étagère, des marmites et des verres ; à droite, près de la fenêtre, une cruche de grès.

Près de la table, la vieille ménagère laborieuse, de profil à droite, assise, la tête baissée, attentive de ses yeux à lunettes à son travail de ravaudage ; elle est vêtue de bleu, et ses cheveux blancs sont cachés sous un madras bleu à rayures jaunes. Devant elle, un panier de légumes.

Signé en haut, vers la droite : *Cals, 1860.*

Toile. Haut., 32 cent.; larg., 23 cent. 1/2.

CALS (Adolphe-Félix)

14 — *Cueillette des pommes.*

Au-devant du bois, dont les frondaisons épaisses se dorent de la belle lumière qui tombe du ciel bleu, les paysans sont venus cueillir les fruits des grands pommiers ; de place en place, sur des tables, des couples mangent et boivent ; à gauche, un homme pousse sa brouette chargée ; au milieu, deux enfants regardent ; à droite, une femme, assise dans l'herbe, fait dormir son dernier né ; de-ci et de-là, des poules et des dindons picorent gravement.

Signé à gauche, en bas : *Cals. Honfleur, 1876.*

Toile. Haut., 58 cent.; larg., 1 m. 18.

15 — *A la fenêtre.*

Elle a ouvert sa fenêtre, d'où elle découvre la mer ; et tandis que le vent lui apporte l'écho lointain d'une chanson de pêcheur, elle tricote, assise, le profil à droite, dans l'ombre, et pourtant enveloppé de lumière ; sa pensée vogue peut-être derrière ce sloop, dont on aperçoit les voiles blanches entre deux pots de fleurs, sous le ciel bleu où voltigent des nuages blancs ; mais, actives, ses mains auront épuisé, avant le soir, tout le travail préparé sur la chaise, dans le panier placé devant elle.

Signé à droite, vers le bas : *Cals. Honfleur, 1873.*

Toile. Haut., 37 cent.; larg., 28 cent.

16 — *Le père Louvel.*

Il est assis, de trois quarts à droite, les mains s'appuyant aux genoux, la tête penchée en avant, le front caché par le rebord du large chapeau de marin. Il dort. A gauche, sur un fût, son écuelle de soupe ; à droite, au fond, la fenêtre ouverte, par où lui viennent le vent du large et la chanson des rêves. Sur le rebord de la fenêtre, un chat sommeille également.

Signé en bas, vers le milieu : *Cals, 1872. Honfleur.*

Toile. Haut., 39 cent.; larg., 33 cent.

17 — *Chalands au bord d'un Canal.*

Au bord d'un canal, des chalands sont arrêtés ; dans le brouillard d'hiver, on aperçoit, à gauche, une cheminée d'usine et des arbres aux branches dépouillées ; au fond, un pont qui conduit à la ville, où d'autres usines sont en travail.

Dans le ciel clair, le jour se lève et le soleil va émerger de l'horizon.

Signé au milieu, en bas : *Cals, décembre 1859.*

Toile ovale. Haut., 19 cent. 1/2; larg., 31 cent.

CALS (Adolphe-Félix)

18 — *Tête de paysanne.*

De trois quarts à gauche; le teint très animé sous le
madras blanc à rayures noires; au cou, un foulard rouge.
Signé à gauche: *Cals. Honfleur, 1874.*

Toile. Haut., 40 cent. 1/2; larg., 34 cent.

19 — *Tête de jeune fille.*

De face, les joues rondes et roses, les cheveux noirs pris
sous une capeline rayée noir et blanc, à bordure rouge.
Signé à gauche : *Cals. Honfleur, 1874.*

Toile. Haut., 35 cent. 1/2; larg., 31 cent.

20 — *Tête de jeune femme.*

De profil à gauche, la tête penchée vers l'épaule droite, le
teint animé, l'œil brun levé vers le ciel, une petite boucle à
l'oreille, un foulard négligemment noué autour du cou; cheveux
noirs.
Signé à gauche, en haut: *Cals. Honfleur, 1878.*

Toile. Haut., 36 cent.; larg., 31 cent.

21 — *Le Tailleur de vigne.*

Un chemin tournant, encaissé entre des murailles basses. A
gauche, au haut de son échelle qui s'appuie à la maison, le
vigneron taille sa vigne, que le soleil dore.

A droite et à gauche, de grands arbres inclinent leurs branches l'un vers l'autre et forment une voûte sur la route; un paysan s'avance, sa veste sur le bras droit; derrière lui, on aperçoit
une vieille femme portant un panier.

Dans l'écartement des branches, le ciel bleu.
Signé à gauche, en bas : *Cals. Honfleur, 1877.*

Toile. Haut., 40 cent. 1/2; larg., 58 cent. 1/2.

22 — *Falaise près le Puys*
(Environs de Dieppe).

A droite, la falaise, au pied de laquelle deux figures sont
assises ; à gauche, la mer aux vagues ourlées d'écume blanche.
Ciel bleu où voltigent des nuages blancs.

Au premier plan, la grève est éclairée par un rayon de
soleil.

Signé à droite, en bas : *Cals, 7bre 1862.*

Toile. Haut., 20 cent. 1/2; larg., 34 cent. 1/2.

CALS (Adolphe-Félix)

23 — *Vue prise près de Puys (Environs de Dieppe).*

A gauche, la falaise ; à droite, la mer ; au fond, la jetée de Dieppe ; ciel chargé de nuages, qui s'éclaire, à l'horizon, des lueurs du soleil couchant.

Signé à gauche, en bas : *Cals, 7bre 1860.*

Toile. Haut., 20 cent. 1/2 ; larg., 31 cent. 1,2.

24 — *Tête de femme.*

De trois quarts à gauche, le front incliné, les cheveux noirs partagés en bandeaux et pris sous un bonnet blanc ; caraco gris.

Signé à gauche, en bas : *1877.*

Toile. Haut., 37 cent. 1 2; larg., 30 cent.

25 — *Tête de jeune fille.*

De trois quarts à gauche, la tête penchée vers l'épaule droite ; cheveux blonds courts, retenus par un étroit ruban vert.

Elle est vêtue de bleu vert, un foulard rouge noué négligemment autour du cou.

L'œil est bleu ; la bouche a les lèvres épaisses et rouges ; teint animé et jeune.

Signé à droite, en bas : *Cals. Honfleur, 1872.*

Toile. Haut., 37 cent. 1 2; larg., 29 cent.

26 — *L'Enfant à la pomme.*

De face, la tête penchée légèrement vers l'épaule droite, un enfant aux joues roses et rebondies, au petit nez épaté, aux yeux bleus, pétillants de malice et de volonté, à la bouche mignonne, aux lèvres charnues.

Les cheveux blonds s'échappent en désordre d'un châle de laine blanche, qui enveloppe la tête et se noue sous le menton.

L'enfant est vêtu d'une blouse brune et tient d'une main qui la serre une pomme à l'épiderme rouge.

Signé à droite, en bas : *Cals. Honfleur, 1877.*

Toile ovale. Haut., 40 cent.; larg., 32 cent.

CALS (Adolphe-Félix)

27 — *Le vieux Marin.*

Presque de face, vu jusqu'à mi-corps, il est vêtu d'une cotte brune et d'un gilet bleu; du large col souple de sa chemise, émerge la tête au teint rude, aux yeux bleus et clairs, à la barbe courte et grise; la bouche est expressive et sévère. L'homme est coiffé d'un feutre à larges bords rabattus, qui mettent de l'ombre sur le front.

Signé à droite, en bas: *Cals. Honfleur, 1872.*

Toile. Haut., 58 cent. 1/2; larg., 50 cent. 1/2.

28 — *Octogénaire.*

Il est assis, vu presque de face, coiffé d'un bonnet de coton, vêtu d'une blouse bleue; de la main gauche, il s'appuie à son bâton.

Signé à gauche, en haut: *Cals. Honfleur, 1876.*

Toile. Haut., 58 cent.; larg., 47 cent.

29 — *Rue de Honfleur.*

Un coin de rue étroite, aux vieilles habitations de bois. Au fond, une fillette porte sur ses bras un petit enfant. A gauche, sur un seuil, un chat est assis, calme et méditatif.

A droite, sur les marches qui donnent accès à une demeure, une femme assise fait dormir son enfant, tandis que, derrière elle, un autre petit passe sa tête espiègle et curieuse.

Signé à droite, vers le bas: *Cals. Honfleur, 1872.*

Toile. Haut., 67 cent.; larg., 45 cent. 1/2.

30 — *Port de Honfleur.*

Le bassin du port, où sont amarrés des bateaux à grands mâts.

A droite et à gauche des quais, les maisons grises, sous le ciel rosé, où le jour se lève. Des gens apparaissent, de place en place, occupés à diverses besognes.

Signé à gauche, en bas: *Cals. Honfleur, 1878.*

Toile. Haut., 25 cent.; larg., 45 cent.

31 — *Jeune mère et son enfant.*

La jeune femme est assise de profil à droite et allaite son enfant, dont un pied est nu et l'autre entouré d'un bas rayé rouge et noir.

Près de la chaise, une table et un panier où sont rangés des poissons.

Signé à gauche, en haut: *Cals. Honfleur, 1876.*

Toile. Haut., 54 cent. 1/2; larg., 45 cent.

CALS (Adolphe-Félix)

32 — *Lavoir au Butin, à Honfleur.*

Un site pittoresque, entre de grands arbres ; des paysannes lavent leur linge dans une petite mare sur laquelle les branches vertes font de l'ombre. Des poules picorent dans l'herbe fleurie. Dans le fond, entre les frondaisons, on aperçoit les maisons du hameau et le ciel bleu, ennuagé de blanc et ensoleillé.

Signé à gauche, en bas : *Cals, Honfleur, 1877.*

Toile. Haut., 45 cent. ; larg., 64 cent.

33 — *La petite Idiote.*

Dans un bois, appuyée contre un arbre ; les yeux grands ouverts, l'index de la main droite au coin de la lèvre, les cheveux blonds ondulés sous une coiffure noire ; expression d'attention troublante et cruelle : prête pour la suggestion mystique.

Signé à droite, en haut : *Cals, 1875.*

Toile. Haut., 16 cent. ; larg., 13 cent.

34 — *Tête de femme.*

Vue presque de face ; cheveux châtain clair ; vêtue de noir ; un foulard blanc noué autour du cou.

Signé à droite, en haut : *Cals. Honfleur, 1876.*

Toile. Haut., 39 cent. 1/2 ; larg., 32 cent.

35 — *Tête de « Claudine ».*

De profil à droite ; cheveux blonds ornés d'un nœud de ruban lilas ; au col, un fichu noué simplement.

Signé à droite, en bas : *Cals, 1876.*

Toile. Haut., 40 cent. ; larg., 31 cent. 1/2.

36 — *Tête de vieux marin.*

De trois quarts à gauche ; barbe grise, chapeau de feutre sur le front ; blouse bleue.

Signé à droite, en haut : *1875.*

Toile. Haut., 31 cent. ; larg., 25 cent.

37 — *Forêt de Compiègne, Chemin d'Orrouy.*

Entre les grands arbres, aux branches tordues sous le givre, le chemin se dessine, blanc de neige. Ciel gris où monte une lumière froide.

Signé à droite, en bas : *Cals, Xbre 1859.*

Toile. Haut., 21 cent. ; larg., 16 cent.

CALS (Adolphe-Félix)

38 — *Paysage normand.*

Au-devant de la ferme, dont le soleil blanchit les murs de sa caresse chaude, la campagne est plantée d'arbres, qui dressent leurs rameaux verts vers le ciel bleu.

Signé à gauche, en bas, du timbre de la vente.

Toile. Haut., 70 cent.; larg., 1 m. 20.

39 — *Saint-Siméon.*

Par une belle journée d'été, une campagne, où de grands arbres feuillus versent la fraicheur et l'ombre : à droite et à gauche, des paysans sont attablés ou assis sur la mousse et respirent en repos.

Des canards et des poules prennent leur part de la joie commune.

Signé à droite, en bas: *Cals, 1879.*

Toile. Haut., 34 cent.; larg., 53 cent.

40 — *Entrée du Grand Trou, à Gilocourt (Oise).*

La route est bordée d'un côté par une pente boisée, qui la domine; de l'autre par une pente qu'elle domine à son tour.

Les arbres, dépouillés, dressent leurs fusains noirs sur l'écran du ciel gris.

Au fond, les maisons du village montrent leurs toitures à arêtes aiguës.

Signé à gauche, en bas : *1865.*

Toile. Haut., 43 cent.; larg., 78 cent.

41 — *Maison Messerat, aux Éluats.*

A droite, la plaine; à gauche, sur un plan élevé en pente douce, la maison, et partout de la neige; sur le chemin, une paysanne, vue de face, avec un panier au bras.

Au fond, la ligne des bois, enveloppés d'un brouillard transparent. Ciel blanc ouaté de brumes.

Signé à gauche, en bas : *Cals, janvier 1863.*

Toile. Haut., 37 cent.; larg., 60 cent. 1 2.

42 — *Femme au sein.*

Une jeune femme, vue à mi-corps, de trois quarts à droite. Sa chemise a glissé de ses épaules, découvrant le sein gauche, la main gauche retient la chemise au sein droit.

Les cheveux roux sont en partie coiffés d'un petit bonnet blanc, aux brides dénouées; une boucle pend à l'oreille.

Signé à droite, en haut : *Cals, 1875.*

Toile. Haut., 54 cent.; larg., 45 cent.

CARPEAUX (Jean-Baptiste)

43 — *Le Pont Soleno.*

Au-dessus de la rivière, les constructions du pont à une
arche élèvent leur masse de pierres sous le ciel bleu.

A droite et à gauche, la campagne aux verdures assombries.

Signé en bas, à droite.

Toile ovale. Haut., 36 cent.; larg., 48 cent.

44 — *Ponte Milvio.*

Le fleuve court entre des rives fleuries : un pont de pierre
le traverse, conduisant à une construction de briques, élevée à
droite.

Sur la montagne, sur l'eau, sur les pierres, une lumière
blonde tombe du ciel, demeuré d'azur, à droite.

Signé à gauche, en bas, du timbre de la vente (n° 109 ou
110 du catalogue).

Toile marouflée sur carton. Haut., 19 cent.; larg., 33 cent.

CÉZANNE

45 — *La Neige fondante*
(Étude de la forêt de Fontainebleau).

Sous le linceuil de neige qui les revêt, les roches dessinent
leur relief. Du sol, les arbres s'élancent, géants désolés, dont
les branches sont brodées de givre.

Dans le ciel, quelques lumières qui semblent déchirer
l'ambiance de deuil où la nature s'est engourdie.

Signé à gauche, en bas.

Toile. Haut., 71 cent. 1/2 ; larg., 99 cent.
Collection Choquet.

COLIN (Gustave)

46 — *Courses de Novillos (Jeunes taureaux).*

Sur la place, on a mis au fond des barrières, et dans
l'enclos ainsi formé, la course des jeunes taureaux a lieu.

Le taureau noir, aux jambes fines, est vu de profil à
droite ; devant lui, un homme l'excite à l'aide d'une draperie
rosée. Plus loin, un autre homme l'appelle, les deux bras
levés ; il est aidé dans son travail par quelques compagnons.

Au fond, de l'autre côté de la barrière, la foule est amas-
sée, hurlante, passionnée par le spectacle qui se joue pour elle.

Dans l'écartement des maisons, les toits dessinent leurs
angles précis sur le ciel bleu.

Signé à gauche, en bas.

Toile. Haut., 1 m. 05 ; larg., 1 m. 57.
Salon de la Société nationale des Beaux-Arts (Champ de Mars,
1891).

COLIN (Gustave)

47 — *Cabaret en Navarre.*

Debout, une jeune Espagnole, de profil à droite, la tête tournée presque de face, s'appuie de la main à une cruche en terre jaune vernissée. Elle est vêtue d'une jupe noire et d'un corsage bleu à fleurettes blanches, en partie caché par un châle jaune à entre-deux rouge brodé. Elle a ses cheveux noirs séparés par une raie de côté et lissés en bandeaux arrondis sur le front, et nattés et pendant sur la nuque. A gauche, assis près d'une table, vu de dos et tenant un verre de vin de la main droite, un jeune garçon, vêtu de noir, cause avec elle.

Signé à droite, en bas.

Toile. Haut., 1 mètre ; larg., 61 cent.

Salon de la Société nationale des Beaux-Arts (Champ de Mars, 1893).

48 — *La Scarpe canalisée, près d'Arras.*

A gauche, la campagne découverte, masquée aux arrière-plans, par un petit bois ; le long du chemin qui contourne la rivière, deux paysannes marchent. Près de la rive opposée, un chaland est amarré ; une petite flamme rouge flotte de l'extré-mité de son mât. A droite, un fort massif de grands arbres.

Au fond, plus loin que les villages aux tuiles rouges, aper-çus en des écartements de branches, des collines se dessinent, dominées parfois par un moulin à vent, qui dresse ses ailes sous le ciel bleu, chargé de nuages gris et blanc.

Signé à gauche, en bas.

Toile. Haut., 16 cent. ; larg., 30 cent. 1/2.

49 — *Un soir à Lézo, Guipuscoa (Pays basque).*

Sur la place, dans le soir qui tombe, ils dansent et chan-tent. C'est un grouillement de notes et de couleurs, de la vie et du rêve, et le rêve.

Signé à gauche, en bas.

Toile. Haut., 79 cent. 1/2 ; larg., 63 cent. 1/2.

50 — *Honfleur.*

Sur la mer calme, quelques barques et un sloop de pêche. Ciel bleu. A gauche, la plage.

Signé à gauche, en bas.

Toile. Haut., 15 cent.; larg., 31 cent.

COLIN (Gustave)

51 — *Une Course de taureaux.*

Dans l'arène, un taureau noir, vu de trois quarts et de dos, auquel un torero présente la muleta ; trois autres toreros attendent et regardent.

Sur les gradins, au fond, une foule compacte et bariolée.

A droite, en haut, un pan de ciel bleu profond.

Signé à gauche, en bas.

Toile. Haut., 52 cent. 1/2; larg., 64 cent.

COROT (Camille)

52 — *Le Moulin d'Étretat.*

Le moulin, vers la droite, est élevé sur un plateau, en contre-bas duquel, à gauche, on aperçoit les toitures des maisons. Plus loin, au delà de la plaine, la ville, que domine un petit clocher, puis la mer, à l'horizon.

A droite, au fond, les collines sont couronnées de bois.

A droite du moulin, le meunier est assis, le dos au soleil.

A gauche, au premier plan, trois femmes sont arrêtées ; l'une, de profil, a un genou à terre et est coiffée d'un madras blanc. A côté d'elle, debout, la seconde est vue de face, un tablier bleu sur sa robe brune, et, sur la tête, une coiffe jaune d'or. Devant elles deux, la troisième, de profil à droite, tient un enfant dans ses bras ; son tablier relevé découvre sa robe brune ; elle a les épaules abritées par un fichu rouge ; elle a une coiffe blanche, où s'accroche la lumière.

Le ciel est gris, enveloppé de nuages qui menacent de pluie.

L'herbe qui croît autour du moulin est émaillée de fleurettes.

Signé à droite, en bas.

Panneau. Haut., 37 cent.; larg., 57 cent. 1/2.

53 — *Petite ferme en Bretagne.*

Un champ aux herbes courtes ; une femme y passe, tenant son enfant de la main droite ; elle est vêtue d'une robe brune, d'un caraco noir et d'un fichu rouge, et coiffée d'un petit bonnet blanc.

Le champ est borné par une haie. A gauche, entre des arbres aux branches souples, on aperçoit une chaumière aux toits élevés en pyramides. Dans le ciel bleu, où passent de clairs nuages blancs, une belle lumière s'allume vers l'horizon que domine au lointain un petit clocher. A gauche, dans le fouillis des branches, on aperçoit une autre chaumière.

Signé à droite, en bas.

Panneau. Haut., 24 cent.; larg., 39 cent. 1/2.

COROT (Camille)

54 — *Nymphes sortant du bain.*

La source est à droite, en bas, sous l'ombre épaisse des arbres. A gauche, sur le gazon, trois nymphes nues sont assises; l'une est de trois quarts à droite, un ruban rouge dans ses cheveux noirs ; elle a croisé son pied gauche sur son genou droit et se retire une épine du talon.

Près d'elle, une de ses compagnes, vue de dos, soutient le haut du corps sur le bras gauche ; elle est blonde et dans ses cheveux a passé quelques cercles de métal.

La troisième est debout, encore dans l'eau à demi ; elle a des cheveux fauves et ramène sa main gauche sur la poitrine, dans un geste de coquetterie frileuse.

Sur l'herbe, les nymphes ont étendu leurs écharpes roses, blanches et amaranthe.

Signé à droite, en bas, du cachet de la vente.

Toile. Haut., 82 cent.; larg., 69 cent.

55 — *Italienne.*

Elle est assise, le bras gauche appuyé sur une table, la main pendante, une bague à l'auriculaire.

Elle est vue jusqu'à mi-jambes, de trois quarts à gauche, la tête tournée de face, brune, les cheveux noirs en partie cachés par une coiffe jaune, de grands anneaux d'or aux oreilles, un collier de perles faisant quatre tours, au cou.

Le bras droit tombe naturellement le long du corps ; la main, les doigts repliés, pose sur la cuisse.

Elle est vêtue d'une robe de velours noir, en partie cachée par un tablier aux couleurs éclatantes, et d'un corsage très décolleté, bordé de rouge, qui découvre la chemisette blanche, aux manches bouffantes.

Signé à droite, en bas.

Toile. Haut., 64 cent.; larg., 54 cent.

56 — *Plage du Tréport.*

On a tiré les barques sur la plage, et sur le sol on a étendu les filets et les voiles. Des femmes, des pêcheurs se tiennent près de leurs bateaux, causant ou occupés à de coutumières besognes.

A droite, au fond, les falaises dessinent leur masse grise, coiffée de quelque verdure.

A gauche, la mer roule ses vagues, dont la crète est brodée d'écume blanche.

Dans le ciel, de grands nuages blancs et gris cachent l'azur infini, qui n'apparaît qu'à travers quelques déchirements des brumes.

Signé à droite, en bas.

Panneau. Haut., 25 cent. 1/2 ; larg., 40 cent. 1/2.

COROT (Camille)

57 — *La jeune Grecque.*

Elle est assise de face, vue jusqu'à mi-jambes, le torse se détachant sur un ciel bleu où chantent des clartés fauves.

Elle est enveloppée d'un burnous blanc, aux plis souples et amples, qui dégage le col et la poitrine ; ses mains croisées tiennent une brindille fleurie.

Les cheveux noirs sont en partie cachés sous une toque de velours noir et rouge brodée d'or.

La bouche est fine, les lèvres serrées, le nez accentué et volontaire, les yeux grands, pleins d'ombre et de mélancolie.

Signé à droite, en bas.

Toile. Haut., 50 cent.; larg., 38 cent.

58 — *Ville et Lac de Côme.*

Sous le ciel bleu attendri, où planent des nuages blancs, comme de grands oiseaux, les montagnes dressent leur masse dont les verdures, suivant leur disposition, se parent de lumière ou de pénombre.

Au creux de la vallée, le lac étend sa nappe claire, pleine de reflets, et, sur ses bords, la ville dispose ses constructions pittoresques.

Au premier plan, une terre fruste, plantée de quelques arbres.

A gauche, en bas, le timbre de la vente Corot.

Au dos, le cachet de la vente.

Toile. Haut., 29 cent. 1/2 ; larg., 40 cent. 1/2.

Vente Corot, no 83.

Vente Patin.

Exposition centennale de l'Art français (1889).

59 — *Lac en Italie.*

A droite, au sommet des rochers qui dominent le lac, entre les arbres aux frondaisons où passe un frisson, un petit édicule est élevé, renfermant une image de Madone. Plus à droite encore, appuyé à un parapet de pierre, un personnage prend l'air.

Au milieu, un passeur s'éloigne du bord, avec sa barque chargée de passagers.

A gauche, d'autre rochers; puis, au fond, de l'autre côté de la nappe d'eau, où le soleil couchant met des reflets d'ambre aux transparences profondes, les montagnes se nimbent de clarté blanche, sous le ciel doré et chaud.

Au premier plan, l'eau est marquée de place en place par de larges feuilles de nénuphar.

Signé à gauche, en bas : *Corot, 1835.*

Toile. Haut., 97 cent.; larg., 1 m. 40.

COROT (Camille)

60 — *Le Moine (1855-1860).*

Il est debout, presque de face, vu jusqu'à mi-jambes, vêtu de bure, le visage au teint animé, à la barbe blonde, encapuchonné, un chapelet passé à la corde qui lui sert de ceinture.

De ses deux mains aux doigts entrecroissés, il porte ouvert le livre d'heures où il lit ses prières.

La lumière, qui tombe de gauche, met un doux reflet sur le capuchon, le front, le nez et la tranche du livre.

Derrière le moine, un mur gris aperçu à travers une allée d'arbres, où une autre figure se promène.

A gauche, en bas, le timbre de la vente.

Au dos, le cachet de la vente Corot.

Panneau. Haut., 59 cent.; larg., 45 cent.

Vente Corot, n° 119.

61 — *Chemin, près Quimper.*

Entre deux hauteurs, dont la terre est cachée par des herbes vertes, le chemin descend, tracé naturellement par une longue habitude de passage.

Une paysanne s'y est engagée, vue de face, en bonnet blanc, fichu croisé sur les épaules, caraco et jupe bruns. Elle tient un panier au bout du bras gauche, le long du corps, et porte une panetière appuyée au flanc droit.

Derrière elle, bordant le chemin, un petit bois touffu montre ses branches fleuries. Au fond, le ciel embrumé de nuages gris et blancs, derrière lesquels on devine l'azur.

Signé à droite, en bas.

Carton. Haut., 22 cent.; larg., 34 cent. 1/2.

62 — *La vieille Fileuse.*

Un petit bois, à la gauche duquel s'étend la campagne ensoleillée. Appuyé contre un arbre, un petit berger cause avec une jeune paysanne, vêtue d'une robe brune et d'un châle rouge et coiffée d'un bonnet blanc sur le fond duquel le sol met une larme de clarté.

A droite, vue de face, la vieille fileuse, debout, le tablier relevé sur sa jupe gros bleu, en châle et en bonnet, tire, d'un bras lassé, les brins de sa quenouille ; simple et vraie dans cette nature à la sève ardente, elle apparait tragique, telle une Parque qui filerait pour elle-même ses derniers jours.

Signé à gauche, en bas : *Corot, 1849.*

Toile. Haut., 56 cent.; larg. 34 cent.

Vente Charles Blanc.

COROT (Camille)

63 — *Le Colisée, à Rome.*

Un terrain au ton fauve, planté de beaux arbres qui dressent vers le ciel d'azur profond leurs panaches de feuilles vertes, où doivent chanter les nids.

Au fond, au milieu, les ruines du Colisée de Rome, rouges sous la lumière vive du jour.

A gauche, d'autres constructions dont les briques s'éclairent d'un magnifique éclat.

Toile. Haut., 35 cent. ; larg., 52 cent.

Exposition centennale de l'Art français (1889).

64 — *Le quai des Célestins.*

A gauche, la Seine, aux eaux glauques sous le ciel gris. Au fond, au-dessus du quai, au bas duquel deux pêcheurs stationnent en barque, les maisons montrent leurs façades aux couleurs variées, grise, blanche, rouge.

A droite, le pont de pierres solide sur ses piles à éperons proéminents et creusé d'arches étroites.

Sur le parapet du pont, quelques figures se penchent, attentives à suivre le fil de l'eau.

Signé à gauche, en bas.

Panneau. Haut., 18 cent. ; larg., 28 cent.

65 — *Narni, Ruines près d'un aqueduc (1822-1824).*

Enserré entre des pentes verdoyantes, le cours d'eau porte, à son tournant, les ruines de l'antique aqueduc.

Au fond, l'horizon est masqué par la chaîne des montagnes, qui se silhouettent sur le ciel bleu.

Au dos, on lit cette note : *Étude donnée par Corot à son ami Lapito.*

Toile. Haut., 32 cent. 1/2 ; larg., 47 cent.

66 — *Papigno, Soleil couchant (1825-1828).*

Les fabriques sont vues, sous l'ardente lumière du soleil couchant, par l'angle que font les pentes qui mènent à la vallée. Sur le chemin, deux Italiennes marchent en sens inverse.

Au fond, les montagnes éclairées par le ciel bleu, où passent des nuées blondes.

A gauche, en bas, le timbre de la vente.

Au dos, le cachet de la vente.

Toile. Haut., 32 cent. ; larg., 39 cent.

Vente Corot, n° 16.

COROT (Camille)

67 — *Genève, le Petit-Salève.*

Au fond, de l'autre côté des maisons, les Alpes dessinent leur imposante silhouette sur le ciel où passent de grands nuages sombres.

Au premier plan, au tournant d'un chemin bordé de bruyères, deux femmes sont arrêtées et causent debout.

A droite, en bas : *Genève, 1852.*

A gauche, en bas, le timbre de la vente.

Au dos, cachet de la vente Corot.

Toile. Haut., 20 cent.; larg., 26 cent.

Vente Corot, nº 123.

68 — *Environs d'Arras, la Scarpe, à Blangy.*

Un coude de rivière entouré de grands arbres feuillus, qui mettent en son miroir de profonds reflets.

Par l'échancrure des frondaisons, on aperçoit le ciel bleu clair, dans l'ombre blanche des nuages.

A gauche, en bas, le timbre de la vente.

Au dos, le cachet de la vente.

Toile. Haut., 34 cent. 1/2 ; larg., 21 cent.

Vente Corot, n° 146.

69 — *Les Fabriques de Papigno (1825-1828).*

A gauche, sur une hauteur, dont les pentes abruptes sont vêtues de verdure, les fabriques dressent leur architecture à arêtes précises et sèches.

A droite, au-dessus d'une vallée et au loin, les montagnes s'enveloppent d'atmosphère bleue, sous le ciel d'azur, où s'éveille une belle lumière chaude et blonde.

A droite, en bas, le timbre de la vente.

Au dos, le cachet de la vente.

Toile. Haut., 28 cent.; larg., 39 cent.

Vente Corot, n° 23.

70 — *Orléans.*

Un mur coiffé de tuiles, et, de l'autre côté, un bouquet d'arbres, puis des constructions, puis un dôme d'église.

Ciel bleu.

Signé à gauche, en bas.

Toile. Haut., 20 cent. 1/2 ; larg., 39 cent.

COROT (CAMILLE)

71 — *Château de Pau.*

Au premier plan, une large allée plantée d'arbres, dont le soleil dore les cimes feuillues ; à gauche, le château de briques rouges à toiture de tuiles grises ; à droite et au fond, les Pyrénées, aux pics neigeux, sous le ciel illuminé de soleil.

A droite, en bas, sous les arbres, on aperçoit le pavillon des communs.

Signé à gauche, en bas.

Toile. Haut., 34 cent. 1/2 ; larg., 49 cent.

72 — *La Colonne Trajane.*

Derrière la colonne, la ville antique, sous le ciel clair, aux nuages blancs.

Au premier plan, un chemin ensoleillé.

Signé à gauche, en bas.

Toile. Haut., 28 cent. ; larg., 20 cent. 1/2.

73 — *Village dans la montagne.*

Au creux de la vallée, sur la gauche du chemin, que traverse une femme en jupe rouge, le village a établi ses usines et ses maisons, étagées sur la pente.

Au milieu, du même côté, l'église dresse son clocher.

A droite, au-dessus d'un bois, et au fond, les montagnes s'élèvent, enveloppées d'atmosphère diaphane, sous le ciel ensoleillé.

Signé à gauche, en bas.

Toile. Haut., 19 cent. ; larg., 30 cent. 1/2.

74 — *Campagne de Rome.*

A droite, quelques arbres, sur une pente, au soleil. A gauche, au creux de la vallée, une ville. Au loin, les montagnes, enveloppées d'ombre transparente, sous la lumière blonde du ciel bleu.

A droite, en bas, le timbre de la vente.

Au dos, le cachet de la vente.

Toile. Haut., 26 cent.; larg., 43 cent.

Vente Corot, n° 181.

75 — *Un Hâleur (Étude).*

De trois quarts à gauche, les pieds et les jambes nus ; pantalon gris, veste noire ; cheveux coiffés d'un bonnet noir.

Signé à droite, en bas, du cachet de la vente posthume du maitre.

Toile. Haut., 45 cent. ; larg., 37 cent.

COROT (Camille)

76 — *Forêt de Fontainebleau.*

A droite, les roches qui forment un écran et cachent la vallée et les pentes, plus lointaines, que le soleil éclaire d'une lumière dorée.

A gauche, des arbres aux branches feuillues, au creux d'une vallée.

Signé à droite, en bas, du timbre de la vente.

Au dos, le cachet de la vente.

Toile. Haut., 41 cent. 1/2 ; larg., 44 cent. 1/2.

77 — *A Marino, près Albano (1827-1828).*

Au sommet d'une colline boisée, les grandes fabriques de la ville dressent leurs constructions, aux murs percés de petites fenêtres.

Signé à droite, en bas, du timbre de la vente.

Panneau. Haut., 22 cent. 1/2 ; larg., 35 cent.

Vente Corot, n° 279.

78 — *Civita Castellana (1825).*

Une forêt de cimes feuillues, parmi lesquelles les roches montrent leurs cassures sèches.

Sur un plateau, à droite en haut, dans la verdure, des constructions de pierre et de brique, à toitures de tuiles rouges.

Ciel bleuté d'une grande finesse.

Signé à gauche, en bas : *Civita Castellana. 1825.*

Toile. Haut., 23 cent. 1/2 ; larg., 37 cent.

79 — *Italienne portant une cruche.*

Elle est vue de profil et de dos, vêtue d'une robe rouge, les pieds nus, le pied droit porté en avant et surélevé.

Les manches sont roses ; elle tient de la main gauche une cruche grise, sur sa tête, et de la droite, pendant naturellement, le bord de son tablier noir, à broderie de couleur.

Dans ses cheveux nattés, se mêlent des cordonnets rouges. Au col, un collier de perles de corail passé dans un ruban vert foncé.

Signé à droite, en bas.

Toile. Haut., 32 cent.; larg., 20 cent.

COROT (Camille)

80 — *Hollande (Marine).*

La mer près de Scheveningue ; quelques barques de pêche ; ciel bleu où volent des nuages blancs.

Au dos, on lit les deux notes suivantes :

« Étude de Hollande, peinte le 1ᵉʳ septembre 1854, de 9 h. à 11 h. du matin, près Scheveningue. Constant Dutilleux accompagnait Corot lorsque ce dernier peignit cette étude. »

Signé à droite, en bas.

Toile. Haut., 13 cent. ; larg., 25 cent. 1 2.

81 — *Pise.*

Derrière une allée d'arbres, on aperçoit en plein soleil des constructions blanches sous le ciel bleu.

Signé à droite, en bas.

Toile. Haut., 38 cent. ; larg., 27 cent. 1 2.

82 — *Chemin creux.*

Le chemin est dominé à gauche par de grands arbres. Ciel chaud d'été.

Signé à gauche, en bas.

Au dos, le cachet de la vente.

Carton. Haut., 3o cent. ; larg., 23 cent.

83 — *Villa Borghèse (1825-1828).*

A gauche, en bas, le timbre de la vente.

Au dos, le cachet de la vente.

Toile. Haut., 16 cent. 1 2 ; larg., 25 cent.

Vente Corot, nᵒ 3o.

84 — *Un Berger.*

Dans un intérieur, le berger, debout, vu presque de face, appuyé du dos au battant de la porte fermée et calé des deux mains à son bâton. Il croise le pied droit devant la jambe gauche. Une cape brune, qu'il a rejetée derrière les épaules, laisse à découvert sa panetière, son habit en peau de mouton, son gilet rouge, sa culotte marron, ses jambières brunes, ses guêtres, etc. Il a les cheveux et la barbe noirs, abondants.

Sur le sol, près du bout du bâton, le chapeau en feutre mou.

Signé à droite, en bas.

Panneau. Haut., 33 cent.; larg., 24 cent.

COROT (Camille)

85 — *Vue prise au Pré-Saint-Gervais (Seine)*.

Un soir d'été ; une route bordée d'un talus ; des arbres aux branches vertes ; une maison dissimulée dans les bruyères ; des portes agrestes ouvrant sur la campagne ; un ciel ardent, où l'été met des rousseurs fauves, un coin d'éden pittoresque d'une rare séduction.

Signé à gauche, en bas.

Toile. Haut., 18 cent.; larg., 30 cent.

86 — *Civita Castellana, Rochers (1825-1828)*.

Parmi la verdure, des rochers, sous un ciel gris.
A droite, en bas, le timbre de la vente.
Au dos, le cachet de la vente.

Toile. Haut., 33 cent. ; larg., 43 cent.

Vente Corot, n° 31.

87 — *Paysage italien*.

Sur la gauche du chemin tournant, que suit une Italienne, s'élèvent, au milieu d'épaisses frondaisons, les constructions d'un couvent, aux toits de tuiles brunes, que le soleil dore de blancs rayons.

A gauche, quelques roches moussues et des arbres ; à droite, un arbre qui se silhouette sur le ciel clair et bleu.

Signé à gauche, en bas.

Toile. Haut., 35 cent. 1/2 ; larg., 30 cent.

88 — *Montagne, à Civita Castellana (Campagne romaine)*.

Signé à droite, en bas : *Corot, 1828.*
Au dos, le cachet de la vente.

Panneau. Haut., 22 cent.; larg., 33 cent. 1/2.

Vente Corot, n° 14.

89 — *Panorama de Rouen (1856-1859)*.

A gauche, la campagne, aux verdures étagées sur une pente ; à droite, sous l'atmosphère embrumée du ciel gris, Rouen, que domine la cathédrale, aux splendeurs ogivales.

A gauche, en bas, le timbre de la vente.
Au dos, le cachet de la vente.

Toile. Haut., 22 cent.; larg., 37 cent. 1/2.

Vente Corot, n° 148.

COROT (Camille)

90 — *Villa Médicis.*

Un bouquet d'arbres, au-devant d'un talus.
Au fond, à gauche, on aperçoit une construction.
Signé à droite, en bas.
On lit à l'envers du cadre, cette note, de la main du Comte Armand Doria :

« M. de Frezals croit que c'est la Villa Médicis au fond. — Rome. »

Toile. Haut., 37 cent. 1 2 ; larg., 27 cent. 1 2.

91 — *Chemin tournant en Forêt.*

A l'endroit où la forêt s'interrompt, devant les roches qui hérissent le sol. Un sentier s'y dessine, qui serpente et redescend, au fond, vers l'épaisseur du bois aux frondaisons sombres.

Ciel blond qui pèse au fond, sur la crête des montagnes nimbées de lumière diffuse.

Signé à gauche, en bas.

Toile. Haut., 31 cent. 1 2 ; larg., 46 cent.

92 — *Jeune Pâtre.*

Debout, vu de profil, la main gauche passée dans la ceinture, la main droite appuyée au bâton, dont il aide sa marche.

Il est vêtu d'une peau de mouton bordée de rouge, d'un gilet rouge, d'une culotte brune ; les jambes sont prises dans des manières de guêtres, les pieds chaussés de lourds brodequins.

Derrière lui, un bois épais, sur l'ombre duquel ses longs cheveux, partagés sur le milieu de la tête, mettent une clarté fauve.

Signé à droite, en bas, du cachet de la vente.

Panneau. Haut., 31 cent. 1 2 ; larg., 23 cent.

93 — *Environs de Rome, Aqueduc de Claude.*

Au fond de la campagne, on aperçoit quelques arches, restées debout, de l'aqueduc de Claude.

Ciel d'azur, au-devant duquel courent de grands nuages blancs et gris, dans une lumière dorée.

Signé à gauche, en bas.
Au dos du cadre, on lit cette note :

« Corot avait donné cette étude à M. Panis, professeur de dessin à Sainte-Barbe. »

Toile. Haut., 22 cent. ; larg., 32 cent. 1 2.

COROT (Camille)

94 — *Les Rochers rouges.*

A droite, les rochers que le soleil caresse de clartés san-
glantes. Au bas des rochers, une mare en réfléchit l'image et
les grandes ombres.

A gauche, la campagne aux verdures accentuées.

Au fond, le ciel bleu, où montent des nuages blancs, aux
reliefs ensoleillés.

Signé à droite, en bas, du timbre de la vente.

Au dos, le cachet de la vente.

Toile. Haut., 34 cent.; larg., 49 cent.

95 — *Village de Picardie.*

Au delà d'une prairie et d'une rangée d'arbres, les maisons
du village, élevées en contre-bas, montrent leurs toitures aux
tuiles brunes. De l'autre côté, un bois dont les cimes feuillues
se balancent sous un ciel nuageux qui cache le soleil.

Signé à gauche, en bas.

Au dos, on lit cette note, de la main du Comte Armand
Doria :

« Étude de Corot, que j'ai fait rentoiler en mars 1883. »

Toile. Haut., 20 cent. 1/2; larg., 35 cent. 1/2.

96 — *Le lac Noir, près du lac de Brientz.*

Un bois, puis des montagnes bleutées, qui se réfléchissent
dans les eaux transparentes d'un lac.

Ciel bleu, où s'éveille une lumière blonde.

A gauche, en bas, du timbre de la vente.

Au dos, le cachet de la vente Corot.

Panneau. Haut., 21 cent. 1/2; larg., 34 cent. 1/2.

Vente Corot, n° 328.

97 — *Rochers en Auvergne (1829-1840).*

A gauche, les rochers abruptes, aux flancs desquels s'ouvre
une grotte ; à droite, la campagne boisée par place, sous un ciel
accentué.

Signé à gauche, en bas, du cachet de la vente.

Panneau. Haut., 43 cent. ; larg., 34 cent.

Vente Corot, n° 340.

COROT (Camille)

98 — *Vue prise au Pré-Saint-Gervais (Seine)*.

Des carrières coiffées de verdure sous un ciel bleu ; terrain mouvementé ; au loin, on aperçoit, vers la droite, une construction étroite et haute.

Signé à droite, en bas.

Toile. Haut., 20 cent.; larg., 30 cent.

99 — *Lausanne*.

Une vallée, des arbres, la ville, le lac ; puis à l'horizon, les Alpes, au-dessus desquelles, mettant des reflets sur la neige des cimes, le ciel s'éclaire de lumières fauves.

A gauche, en bas, le timbre de la vente.

Toile. Haut., 2 cent.; larg., 31 cent. 1 2.

Vente Corot, n° 231.

100 — *La Basilique de Constantin*.

Au creux d'un pli de terrain, les ruines aux déchirures desquelles les mousses croissent.

Ciel bleu, avec quelques nuées grises.

A droite, en bas, le timbre de la vente.

Au dos, le cachet de la vente.

Toile. Haut., 23 cent. 1 2; larg., 32 cent. 1 2.

Vente Corot, n° 282

101 — *Cascade près Tivoli (1843)*.

A gauche, la cascade, à moitié de la hauteur; sur les plateaux, quelques constructions ; le sol est vert de mousses et de bruyères.

Ciel bleu.

Signé à gauche, en bas, du timbre de la vente.

Au dos, le cachet de la vente.

Toile. Haut., 24 cent.; larg., 39 cent.

Vente Corot, n° 101.

102 — *Les Rochers verts (1825-1828)*.

A gauche, le long des escarpements, le chemin serpente; les roches sont encadrées de lierres et de mousses.

A droite, au loin, un plateau où quelques arbres fleurissent sous le ciel bleu, marqué de grands nuages blancs ensoleillé.

A droite, en bas, le timbre de la vente.

Au dos, le cachet de la vente.

Toile. Haut., 34 cent.; larg., 49 cent.

Vente Corot, n° 277.

COROT (Camille)

103 — *La Nuit (1861-1869).*

De grands arbres, qui se dressent au-devant du ciel, où la lune éveille des pâleurs tragiques.

Signé à gauche, en bas, du timbre de la vente.

Au verso, le cachet de la vente.

Panneau de forme cintrée. Haut., 38 cent.; larg., 31 cent.

Vente posthume de Corot, n° 440.

104 — *Montagnes d'Auvergne (1841-1842).*

Ciel bleu et nuages blancs au-dessus des montagnes au sol chauve de verdure.

Au premier plan, quelques arbres.

A gauche, en bas, le timbre de la vente.

Au dos, le cachet de la vente.

Toile. Haut., 26 cent. 1/2 ; larg., 39 cent. 1/2.

Vente Corot, n° 363.

105 — *En Auvergne (1844-1853).*

Un paysan qui marche dans la campagne et semble se diriger vers la montagne, dont le massif se dresse imposant, sur l'écran du ciel d'azur.

Signé à droite, en bas, du cachet de la vente.

Au dos, le cachet de la vente.

Toile. Haut., 26 cent.; larg., 43 cent.

Vente Corot, n° 395.

106 — *Rochers gris.*

Dans la forêt, au bas d'une pente douce, des rochers, où grimpent des mousses.

A droite, en bas, le timbre de la vente Corot.

Au dos, le cachet de la vente Corot.

Toile. Haut., 25 cent. 1/2; larg., 37 cent.

107 — *Campagne de Rome (1825-1828).*

La campagne et les montagnes sous un ciel bleu, ennuagé de blanc.

Au gauche, en bas, le timbre de la vente.

Au dos, le cachet de la vente.

Toile. Haut., 17 cent.; larg., 42 cent. 1/2.

Vente Corot, n° 309.

COROT (CAMILLE)

108 — *Pierrefonds, au pied du château (1829-1840).*

Par une brèche dans la muraille en ruine, on aperçoit la plaine, dont l'horizon est limité par la forêt.

Dans le ciel ensoleillé passent de gros nuages gris.

A droite, en bas, le cachet de la vente.

Au dos, le cachet de la vente.

Carton. Haut., 23 cent.; larg., 31 cent. 1/2.

Vente Corot, n° 329.

109 — *Ville italienne.*

Au flanc de la montagne, la ville apparaît en amphithéâtre. Sous la lumière grise, tout s'enveloppe d'une totalité fine, sous le ciel bleu.

Signé à droite, en bas.

Panneau. Haut., 14 cent.; larg., 20 cent.

110 — *Montagnes de l'Auvergne (1844-1853).*

A gauche, dans la vallée, quelques terres boisées; à gauche, les montagnes; au fond, les cimes qui s'enveloppent, à l'éloignement, d'atmosphère bleue.

Ciel chargé de nuages sombres, avec quelques pans d'azur.

Signé à gauche, en bas, du timbre de la vente.

Au dos, le cachet de la vente.

Haut., 18 cent.; larg., 28 cent.

Vente Corot, n° 394.

111 — *Le Colisée à travers une arche.*

A gauche, en bas, le timbre de la vente.

Au dos, le cachet de la vente Corot.

Toile. Haut., 21 cent.; larg., 33 cent.

Vente Corot, n° 66.

112 — *Sous bois.*

Un carrefour de bois; les arbres s'alignent, unissant, haut, leurs branches, pour former une voûte de verdure.

A droite, au premier plan, un chien jaune est couché et dort.

Au fond, la lumière, tamisée à travers les feuilles, caresse le sol mouvementé en pentes douces.

Signé à gauche du timbre de la vente.

Au dos, le cachet de la vente.

Toile. Haut., 18 cent. 1/2; larg., 30 cent.

COROT (Camille)

113 — *Le Facteur.*

A l'entrée d'un immeuble, le facteur va se présenter ; il est vu encore dans la lumière. A gauche, sur le seuil d'une porte, une femme attend.

Signé en bas, à gauche.

Panneau. Haut., 17 cent.; larg., 23 cent. 1/2.

114 — *Au lac d'Albano, Rochers verdoyants (1825-1828).*

Des grottes sont creusées au flanc des rochers, coiffés de verdure, sous un ciel bleu.

A gauche, en bas, le timbre de la vente.

Au dos, cachet de la vente.

Toile. Haut., 27 cent.; larg., 38 cent. 1/2.

Vente Corot, n° 302.

115 — *A Civita Castellana (1825-1828).*

Des rochers et une élévation de terrain, sous un ciel bleu.

A droite, en bas, le cachet de la vente.

Au dos, le timbre de la vente.

Toile. Haut., 32 cent. 1/2; larg., 47 cent. 1/2.

Vente Corot, n° 264.

116 — *Un Arbre (1823-1824).*

Au dos, on lit cette note de la main du Comté Armand Doria :

« Cet arbre se retrouve dans le tableau du Dante. »

Signé à droite, en bas, du timbre de la vente.

Au dos, le cachet de la vente.

Toile. Haut., 30 cent., larg., 20 cent.

Vente Corot, n° 246.

117 — *Mare dans la Forêt (1861-1869).*

Au milieu des rochers, où des mouses verdoient par place, l'eau court, se couvrant d'écume blanche au choc des pierres.

Signé à gauche, en bas, du timbre de la vente.

Toile. Haut., 23 cent., larg., 34 cent.

Vente Corot, n° 465.

COROT (Camille)

118 — *A Tivoli, villa d'Este.*

De grands arbres, et, derrière, au soleil, les constructions; ciel bleu.

Signé à droite, en bas, du timbre de la vente.
Au dos, le cachet de la vente Corot.

Toile. Haut., 27 cent. 1 2 ; larg., 23 cent.

Vente Corot, n° 364.

119 — *Rochers à Papigno (1825-1829).*

Des roches escarpées, sur le flanc desquelles le soleil met de longues stries de lumière. A droite, dans une échancrure, un peu de ciel bleu.

Toile marouflée sur carton.
Signé à gauche, en bas, du cachet de la vente.

Haut., 31 cent., larg., 22 cent.

Vente Corot, n° 285.

120 — *Les Cheminées (1822).*

Ce qu'on voit du haut des maisons, à Paris ; des pans de murs et des cheminées, sous un ciel gris.

Signé à droite, en bas, du timbre de la vente.

Toile. Haut., 22 cent.; larg., 14 cent.

Vente Corot, n° 226.

COURBET (Gustave)

121 — *Le Puits noir (Doubs).*

Dans les gorges rocheuses aux pierres vêtues de mousse, au milieu des arbres, les sources versent leur tribut murmurant.

Signé à gauche, en bas.

Toile. Haut., 52 cent. 1/2 ; larg., 63 cent. 1/2.

Vente Mazaroz-Ribalier, 1890, n° 23.

122 — *Pierre druidique, Soleil couchant.*

Au-dessus de la mer, sous le ciel où le soleil couchant allume un soir tragique, la pierre dresse sa masse sombre, au mystère encore indéchiffré.

Signé à gauche, en bas : *G. Courbet.*

Toile. Haut., 59 cent.; larg., 72 cent.

DANTAN (Édouard)

123 — *Moine lisant.*

Il est assis, de profil à gauche, vêtu de bure, les pieds dans des sabots.

Il tient un livre ouvert de la main gauche, et le lit, tandis que, de la main droite, il appuie sur la cuisse gauche deux bouquins à reliure rouge.

Signé à droite, en bas : *E. Dantan, 1880.*

Toile. Haut., 54 cent.; larg., 45 cent.

DAUBIGNY (Charles)

124 — *Une Vallée.*

A gauche, une pente verdoyante descend à la rivière large, dont l'autre rive est occupée par un hameau qui groupe ses feux au pied d'une colline. Dans le ciel bleu, de place en place, de beaux nuages blancs voltigent.

Signé à gauche, en bas, du monogramme de la vente : *C. D.*

Panneau. Haut., 18 cent.; larg., 41 cent.

125 — *Vue prise près de Château-Chinon.*

Un terrain mouvementé, avec des chemins en lacets qui, par des pentes douces, gagnent les hauteurs; des champs et des bois; à gauche, au pied d'un monticule, une petite mare; l'automne a mis des rouilles aux branches.

Ciel nuageux, que le soleil couchant éclaire de chaudes clartés.

Signé à gauche, en bas, du timbre de la vente.

Au dos, le cachet de la vente Daubigny.

Panneau. Haut., 17 cent. 1/2; larg., 28 cent.

126 — *Un Coin de bois, que traverse un sentier.*

Signé à gauche, en bas.

Panneau. Haut., 24 cent.; larg., 18 cent.

DAUMIER (Honoré)

127 — *Le Wagon de 3ᵐᵉ classe.*

Par les vitres ouvertes, à gauche, la lumière pénètre dans le wagon, dont les cloisons basses permettent de voir, d'enfilée, les compartiments. Dans le premier, un gamin, les mains dans ses poches, s'est appuyé contre une paysanne, pâle, immobile, grave, son panier sur les genoux, les deux mains jointes sur l'anse du panier, drapée avec une majesté biblique dans sa limousine au capuchon relevé. Près d'elle, une fille de la campagne tient sur ses genoux son enfant emmailloté et endormi, et sommeille également.

Dans le compartiment voisin, les gens causent et discutent, masques grimaçants, figures accentuées, profils angoissés.

Le Comte Armand Doria a décrit lui-même ce chef-d'œuvre, en une page qu'il convient de citer intégralement :

> « Quel coup d'œil satirique jeté sur un coin de l'humanité par un censeur impitoyable et profond !
>
> » La vieille femme, au premier plan, exprime une énergie robuste qui défie les années ; elle n'a jamais plié sous le poids des misères de la vie, du travail incessant des pauvres gens ; elle en porte les stigmates ; elle est encore une des colonnes de la famille ; elle est bienveillante dans sa force et sa résignation ; elle a noblement résisté aux assauts multiples d'une existence toute de labeur et de soucis, que ces assauts soient moraux ou physiques ; en un mot, on peut dire que c'est une énergie, une ressource ; quand elle disparaîtra, nul ne pourra la remplacer, la famille aura perdu un appui, un chef.
>
> » Elle est laide, affreuse, horrible, dans sa vieillesse parcheminée, et cependant, merveille de l'art ! elle exprime ces nobles choses avec une intensité inouïe. Elle ne voyage pas, elle pense.
>
> » La femme plus jeune, un enfant emmaillotté dans les bras, est plus simple ; elle a l'aspect d'une paysanne honnête, solide et saine ; entièrement absorbée par les soins maternels qu'exige le nourrisson qu'elle soutient tout entière si affectueusement. »

Signé à droite, en bas : *H. Daumier.*

Toile. Haut., 67 cent.; larg., 92 cent.

Vente Daumier, 1878, nᵒ 62.

Exposition centennale de l'Art français, 1889.

DAUMIER (Honoré)

128 — *Le Premier Bain.*

A droite, sur des pierres, la mère et la petite sœur sont assises, spectatrices attentives à la scène qui se passe sous leurs yeux.

A gauche, le père, les jambes nues, le pantalon relevé, dans l'eau jusqu'aux mollets, y plonge son petit garçon, nu comme un ver, et assez réjoui d'ailleurs de ce baptême estival, qui va lui permettre de barboter à l'aise.

Au fond, sur un plan surélevé, un homme s'éloigne.

A gauche, au fond, un mur de pierre.

Signé à gauche, en bas : *H. Daumier.*

Panneau. Haut., 25 cent. 1 2 ; larg., 32 cent. 1 2

Vente Arosa, 1878.

Exposition Daumier, 1878.

129 — *Le Malade imaginaire.*

Il est renversé, navrant, navré, calamiteux, dans son fauteuil, les mains à demi crispées aux accoudoirs, la chemise ouverte, la tête prise dans un bonnet à ruban bleu, la bouche béante, les paupières tombantes. Près de lui, à droite, une table sur laquelle s'accumulent les remèdes impuissants.

Devant lui, à gauche, le médecin, en robe et rabat de docteur, les cheveux roux, lui tâte le pouls, et, en bon charlatan, l'inquiète.

Signé à gauche, en bas : *H. D.*

Panneau. Haut., 24 cent. 1 2 ; larg., 32 cent. 1 2.

130 — *La Sortie de l'École.*

Par la porte étroite, au risque de manquer du pied les marches du seuil, les fillettes se précipitent en leurs costumes variés : elles sont là dix, avec des bonnets blancs, des pointes, du bleu, du jaune, du rouge, qui respirent la santé, la jeunesse et la hâte d'échapper à la férule.

Signé à gauche, en bas.

Panneau. Haut., 39 cent. ; larg., 30 cent. 1 2.

DAUMIER (Honoré)

131 — *Tête de Pasquin.*

Vu jusqu'à la poitrine : la tête de trois quarts à gauche et en pleine lumière, l'occiput serré dans un serre-tête blanc ; une collerette souple blanche se rabat sur le maillot rouge à figures.

Le masque est brutal, les lèvres épaisses, le nez fouineur, les moustaches rares, le maxillaire lourd, aux appétits bestiaux: l'œil intelligent et fourbe.

Signé à droite, en haut : *H. Daumier.*

Panneau. Haut., 22 cent.; larg., 16 cent. 1/2.

Exposition Daumier, 1878.

132 — *Page jouant de la mandoline.*

Un passant, donnant de sa mandoline une aubade à quelque belle ; il est debout, vu de face, dans un parc, sur une terrasse.

Signé à gauche, vers le bas : *H. D.*

Toile. Haut., 81 cent., larg., 54 cent.

133 — *Femme portant un Enfant (Esquisse).*

La femme est debout, de profil à gauche, et porte sur le bras droit un enfant blond, dont le costume est indiqué en noir et blanc.

La femme a une chemise blanche et une jupe brune.

Signé à droite, en bas : *H. D.*

Toile. Haut., 81 cent. 1/2 ; larg., 53 cent. 1/2.

134 — *Le Meunier.*

Le cavalier sur un cheval blanc s'éloigne. Un jeune garçon marche à sa gauche.

A droite, une paysanne, pieds nus, porte un enfant sur son bras, et tire, de l'autre, un petit gars qui court.

Du même côté, des constructions. A gauche, la campagne: ciel très coloré de bleu et de blanc.

Signé à droite, en bas : *H. D.*

Toile. Haut., 44 cent. 1/2 ; larg., 54 cent. 1/2.

DAUMIER (Honoré)

135 — *Le Liseur*.

Dans son fauteuil, près d'une table à contre-jour, il lit, attentif, un livre qu'il tient ouvert des deux mains. Son visage apparaît dans l'ombre, le nez busqué, la barbe blanche, l'œil profond.

Signé à gauche, en bas : *H. D.*

Panneau. Haut., 25 cent. 1/2 ; larg., 32 cent. 1/2.

136 — *Forgerons (Esquisse)*.

Ils sont en train de présenter sur l'enclume un morceau de fer rouge, qu'ils battent à grands coups de masses. Au fond, le fourneau à soufflet. Au fond également, à gauche et dans l'ombre, un quatrième forgeron, debout, la main droite à la hanche, les regarde.

Au dos, on lit cette note, de la main du Comte Armand Doria :

« Peint par H. Daumier. Un commencement de tableau. Cette belle esquisse était recouverte par de la couleur, pour recevoir une autre peinture. Après l'enlèvement de cette couleur, elle est apparue dans son état actuel. Vendue par M. Diot, avril 1882. — Cte A. Doria.

Toile. Haut., 50 cent.; larg., 59 cent.

DEGAS (Édgar)

137 — *La Danseuse chez le photographe*.

A travers le vitrage de l'atelier, on aperçoit le haut des maisons de la ville.

A droite, un coin de glace, un rideau bleu.

Au milieu, debout, vue de face, la tête tournée vers l'objectif, la jambe gauche portée en avant, le pied cambré, la pointe au sol, les bras relevés et arrondis en corbeille, l'étoile pose avec conviction.

Des diamants brillent à ses oreilles; elle a des fleurs dans ses cheveux châtain clair, au bord de son corsage décolleté en carré, au côté de son jupon de mousseline bouffant. Elle a rehaussé ses lèvres d'un peu de carmin, cerclé ses yeux de noir et attaché à son cou un ruban de velours noir. Des bracelets d'or lui mettent des lumières aux poignets.

Signé à droite, en bas.

Toile. Haut., 64 cent.; larg., 50 cent.

DELACROIX (Eugène)

138 — *Chasse aux lions.*

La sanglante mêlée dans le désert. Déjà des hommes ont été renversés, mortellement atteints, soit par la griffe terrible des fauves, soit par la chute de leurs chevaux, déchirés eux-mêmes par les lions furieux.

Au milieu, un cavalier, vêtu de vert, debout sur son cheval qui se cabre, va découdre de son épée un lion, vu de profil à gauche, la tête tournée à droite, la gueule ouverte. A droite, un cavalier va percer de sa lance une lionne qui broie de sa mâchoire tenace la croupe de son cheval gris pommelé.

Au premier plan, au milieu, un homme, qui s'efforce de se relever, va frapper la lionne de son yatagan.

Première pensée du tableau qui fut en partie brûlé au musée de Bordeaux (1870).

Toile. Haut., 45 cent. 1 2 ; larg., 54 cent. 1/2.

139 — *Incrédulité de saint Thomas.*

Jésus-Christ, debout, conduit à la blessure qu'il porte au flanc la main de saint Thomas, incrédule, qui tombe à genoux.

En arrière, à droite, deux disciples debout assistent à cette preuve, et, par le mouvement des mains, expriment leur foi et leur piété.

Au dos, le cachet de la vente Delacroix.

Toile. Haut., 40 cent.; larg., 32 cent.

140 — *Tête de Femme.*
(Étude pour une figure du « Sardanapale »).

Vue de trois quarts à droite et de face, la tête penchée vers l'épaule droite, elle est coiffée d'une draperie rouge sur ses cheveux noirs ; vêtue d'une cape noire, fermée par une agrafe de joaillerie ; à l'oreille, une boucle à pendants.

Le visage et le cou sont éclairés par la lueur rouge du bûcher.

Signé à gauche, en bas : *Eug. Delacroix, 1835.*

Toile. Haut., 40 cent.; larg., 33 cent. 1/2.

141 — *Paysage.*

Dans le creux des vallées que dominent les cimes sombres, sous le ciel d'azur largement ennuagé, le fleuve coule ses eaux bleues ; au milieu, sur une hauteur, une tour se dresse, noire et tragique.

Toile. Haut., 23 cent.; larg., 31 cent.

Exposition Delacroix (École des Beaux-Arts).

DIAZ (Narcisse)

142 — *La Forêt.*

Une clairière, dans la forêt. A droite et à gauche, de grands arbres, dont l'écorce rugueuse accroche des larmes de lumière dorée.

Au fond, d'autres arbres d'essences variés, dont les feuillages blondissent sous la chaude clarté qui tombe du ciel bleu, ourlé de nuages blancs.

Au milieu, parmi les herbes fleuries, un petit ruisseau, qui semble s'échapper des roches ; puis, plus loin, un sentier. C'est l'été ; dans les branches, l'air qui passe emplit les choses d'harmonieux silences.

Signé à gauche, en bas : *N. Diaz*

Panneau. Haut., 21 cent. ; larg., 32 cent.

Collection Bollet.

FANTIN-LATOUR (Henri)

143 — *Après le Bain.*

Au fond du bois, près de la source où elle vient de se baigner, la dryade aux cheveux noirs est assise sur un banc de gazon. Elle est vue de trois quarts à droite, la tête tournée vers l'épaule gauche, attentive et souriante, la main arrondie en coquille à l'oreille pour mieux entendre. Sans doute, quelques satyrions se livrent, contre une de ses compagnes, à leurs espiègleries familières. Et la dryade écoute, ne songeant pas que la draperie rouge et la gaze blanche qu'elle retient du bras et de la main droite ne la revêtent qu'incomplètement, et que le soleil, à travers les branches, promène sur ses chairs rosées et fermes, où coule la vie, de chaudes caresses.

Signé à droite, en bas : *Fantin.*

Toile. Haut., 41 cent. 1/2 ; larg., 33 cent.

144 — *Le Rêve du Poëte.*

Il est assis et songe, le front dans la main ; derrière lui, des formes de femmes s'évoquent, l'une dansant, l'autre jouant du tambour de basque, d'autres adressant au nuage qui passe le regard attendri des âmes inquiètes, et c'est un rêve exquis de chairs frissonnantes, de passion élevée, un poëme vivant de la beauté haussée jusqu'à l'idéal, un regard humain ouvert sur le royaume de l'infini.

Toile. Haut., 23 cent. ; larg., 32 cent.

FANTIN-LATOUR (Henri)

145 — *Les Pêches.*

Sur une table, dans un plat de faïence, des pêches, au tissu éclatant de maturité, et près du plat, à gauche, une grappe de gros raisin noir.

Signé à gauche, en bas : *Fantin.*

Toile. Haut., 25 cent. 1 2 ; larg., 35 cent.

GOYA Y LUCIENTÈS

146 — " *Il vaut mieux payer* ".

Caprices, 73.

A gauche, le galant, assis sur un sac, en pantalon gris et habit jaune.

A droite, la jeune femme debout, jupe blanche, corsage rose décolleté, coiffure à boucles.

Au fond, une vieille figure encapuchonnée, à expression satanique.

Carton. Haut., 29 cent. 1 2 ; larg., 23 cent. 1/2.

147 — " *Tu ne t'échapperas pas* " (" *No te escaparas* ").

Caprices, 72.

Une jeune fille poursuivie par des monstres à ailes d'oiseaux.

Carton. Haut., 29 cent. 1 2 ; larg., 23 cent. 1 2.

GUILLAUMIN

148 — *Le Cap Long.*

Des roches de feu sous la lumière crue dessinent leurs rudes arêtes au-devant de la mer bleue et du ciel diapré.

Signé à droite, en bas : *Janvier 1893, à 8 heures du matin.*

Toile. Haut., 59 cent.; larg., 72 cent.

149 — *Le bout des Mares, à Saint-Chéron (Juin 1891).*

Signé à droite, en bas.

Toile. Haut., 58 cent. 1 2 ; larg., 72 cent.

GUILLAUMIN

150 — *Le quai Saint-Bernard, à Paris (4 h. du soir).*

A gauche, de grands amas de sable jaune, cachés sous un linceul de neige : à droite, la Seine où sont amarrés des chalands, puis les constructions élevées en bordure du quai.

Le soleil qui décline allume au ciel de chaudes clartés diaprées, dont le reflet chante dans l'eau transparente.

Signé à gauche, en bas : *Guillaumin, 1889.*

Toile. Haut., 51 cent.; larg., 70 cent.

151 — *Le Moulin Brigand et les Ruines du Château des Sept-Tours.*

A gauche, la Creuse, que traverse un petit pont de bois ; à droite, les collines hérissées de ruines, sous la clarté ensanglantée du soleil qui commence à décliner.

Signé à droite, en bas : *Crozan, 1893.*

Toile. Haut., 58 cent. 1/2 ; larg., 71 cent. 1/2.

152 — *Route de Damiette.*

Au milieu d'une campagne, marquée par quelques arbres, un chemin tournant, encaissé entre des talus bas. Une femme en deuil s'y promène.

Au fond, des constructions à toiture de tuiles rouge.

Ciel d'automne, largement ennuagé.

Signé à gauche, en bas.

Toile. Haut., 58 cent. 1/2 ; larg., 72 cent.

153 — *Chemin des Carrières, à Miregouden.*

Un chemin tournant, encaissé dans une campagne vallonnée et boisée.

A gauche, à demi-nichée dans la verdure, une ferme à la toiture rouge.

Signé à gauche, en bas.

Toile. Haut., 63 cent.; larg., 79 cent.

GUILLAUMIN

154 — *Chênes verts à Saint-Palais (Marée basse).*

A gauche, un arbre dont le tronc, battu par le vent du large, a pris des attitudes torturées.

Au fond, la mer bleue, où se balancent deux barques à voiles.

Signé à gauche, en bas.

Toile. Haut., 63 cent. 1/2 ; larg., 80 cent.

155 — *Ferme de Peschadoire (Auvergne).*

A droite et à gauche, les bâtiments de la ferme, aux toits de chaume. De grands arbres dans le fond.

Le ciel est tout illuminé du soleil matinal, qui met sur le sol et sur les murs de gauche de belles caresses roses.

Signé à droite, en bas.

Toile. Haut., 63 cent.; larg., 79 cent. 1/2.

156 — *Le Clos de la Douane, à Palais-sur-Mer (Soleil d'août).*

Signé à gauche, en bas.

Toile. Haut., 71 cent. 1/2; larg., 80 cent. 1/2.

157 — *La Liseuse.*

Une jeune femme assise dans un parc au soleil, et lisant un in-12, qu'elle tient de ses deux mains gantées.

Elle est vêtue d'une matinée rose et coiffée d'un chapeau de paille, fortement incliné sur les yeux.

Signé à gauche, en bas.

Toile. Haut., 71 cent. 1/2; larg., 57 cent. 1/2.

HÉREAU (JULES)

158 — *La Place Clichy.*

Un jour de pluie : la place Clichy avec son va et vient de passants affairés, de tramways et d'omnibus.

Le ciel est gris, de ce gris qui annonce la bise glacée et la pluie tenace.

Signé à gauche, en bas : *Paris, 1878.*

Toile. Haut., 42 cent.; larg., 65 cent.

JONGKIND (Johann)

159 — *Une Rue de Delft, le soir.*

Un petit canal baigne le bas des maisons alignées à gauche;
à quelques fenêtres, la lumière d'un foyer où l'on veille. Au
milieu, une rangée d'arbres, puis, à droite, un chemin que
suivent deux piétons, une haie, d'autres arbres; du même côté,
un réverbère est allumé, mais sa lueur est modeste à côté du
magique éclat de la lune, dont l'orbe d'or emplit le ciel nuageux
et le miroir du canal d'étincelants reflets.

Signé à gauche, en bas: *Jongkind, 1858.*

Au dos, on lit sur le châssis: *Rue de Delft, éclairée au
schiste à cette époque, 1858.*

Toile. Haut., 41 cent. 1/2; larg., 56 cent.

160 — *Les Patineurs.*

Le canal est pris et sert de route de Rotterdam à La Haye;
les gens y glissent sur leurs longs patins, à la pointe relevée.

A droite, un chaland est immobilisé dans la glace; du même
côté, le quai est planté de grands arbres, aux branches dépouillées, et entre les troncs desquels on aperçoit une maison, puis,
plus loin, la ville avec son clocher et ses toitures en tuiles
rouges.

Dans le ciel bleu, où sont en suspens de beaux nuages ensoleillés, une troupe d'oiseaux prend son vol.

Signé à droite, en bas: *Jongkind, 1858.*

Toile. Haut., 42 cent.; larg., 56 cent.

161 — *Canal en Hollande au clair de Lune.*

Une nuit claire; au-dessus des arbres, à gauche, la lune
monte, projetant au loin, dans l'infini du ciel et dans le miroir
frissonnant du canal, l'extraordinaire éblouissement de sa
lumière.

A gauche, une barque, montée par trois hommes, s'éloigne
du bord planté de grands arbres.

Au fond, de l'autre côté du bâtiment couvert de tuiles
rouges, le moulin, dans un cadre de branches feuillues, dresse
son toit aigu et ses grandes ailes.

A gauche, un chaland est amarré. Sur le canal, d'autres
embarcations semblent les papillons noirs de l'humanité, dans
cette féerie astrale.

Signé à droite, en bas: *Jongkind, 1867.*

Toile. Haut., 33 cent.; larg., 45 cent. 1/2.

JONGKIND (Johann)

162 — *Estacade.*

A droite, sous le ciel où planent menaçants des nuages d'orage, l'estacade, aux charpentes noires, dresse sa masse sombre entre les piles de pierres qui bordent la berge et les maisons qui s'élèvent à la pointe de l'île Saint-Louis.

A droite, le long de la berge, des hommes sont arrêtés, dont un pêcheur à la ligne, coiffé d'un bonnet blanc.

A gauche, au premier plan, un chaland dont on ne voit qu'une partie et au bord duquel sont des pêcheurs.

Plus loin, une barque qu'on manœuvre à grands coups d'avirons; puis un remorqueur arrêté, près de la passerelle aujourd'hui disparue.

Signé à gauche, en bas: *Jongkind, 1854.*

Toile. Haut., 42 cent. 1/2; larg., 60 cent.

163 — *Panorama de Rouen (Soleil couchant).*

A droite, la Seine, où sont amarrés des chalands et des péniches. A gauche, la berge, en pente douce, en haut de laquelle, à demi dans l'ombre, deux chevaux de hâlage sont arrêtés, l'un blanc, l'autre noir. Puis, du même côté, quelques maisonnettes, et plus loin, sous l'irradiante féerie du soleil couchant, la ville aux silhouettes transparentes.

Le ciel est tout illuminé de clartés blondes, dont les harmonies sont décroissantes d'intensité jusqu'à l'horizon.

Signé à gauche, en bas.

Toile. Haut., 50 cent. 1/2; larg., 72 cent. 1/2.

164 — *Église au Cadran.*

Un village aux environs de Rotterdam. Sur le bord du fleuve, à droite, des constructions aux toitures de tuiles rouges ; vers le milieu, une église dont le clocher porte un cadran noir. A droite, au coin, un bateau qui va disparaître. A gauche, des sloops de pêche qui sont amarrés, et dont les voiles sont à demi tendues.

Dans le fleuve calme, les reflets de la rive se jouent avec de délicates atténuations, tandis que le ciel, où le soleil hésite à paraître, est traversé dramatiquement de nuages gris et blancs.

Signé à droite, en bas : *Jongkind, novembre 1856.*

Toile. Haut., 41 cent.; larg., 55 cent.

JONGKIND (Johann)

165 — *Le Fardier*.

Sur la route, où un bouquet d'arbres géants, à droite, verse de l'ombre, un lourd fardier est arrêté ; il est attelé de quatre chevaux, vus de dos ; une énorme pierre de taille pèse sur l'essieu ; les deux roues semblent s'enfoncer dans le sol.

A droite, le charretier, vu de dos, et un coin de maison à trois étages.

Les arbres dessinent leur silhouette feuillue sur l'infini du ciel d'azur, paré de nuages blancs.

Signé à gauche : *Jongkind, 1861*.

Toile. Haut., 24 cent.; larg., 32 cent.

166 — *Clair de Lune (1868)*.

A droite et à gauche, des sloops de pêche et des bâtiments sont amarrés, dressant dans la nuit, vers un ciel sombre, leurs mâtures qui semblent géantes.

Au milieu des nuages, la lune apparaît, miroir superbe, qui illumine de ses reflets les masses atmosphériques et la masse de l'eau frisonnante.

Signé à gauche, en bas : *Jongkind, 1868*.

Toile. Haut., 31 cent. 1,2 : larg., 41 cent.

167 — *Clair de lune sur un Canal (Hollande)*.

A droite, entre deux canaux, un étroit terrain qui porte une rangée d'arbres ; un homme y suit le chemin qui conduit au loin vers les moulins.

Au gauche, de l'autre côté du canal, la campagne plate, où des bêtes sont parquées. La lune, basse sur l'horizon, jette un long regard diapré à la surface de l'eau et inonde le ciel de lumière dorée.

Signé à droite, en bas : *Jongkind, 1865* (signé deux fois).

Toile. Haut., 26 cent. ; larg., 40 cent.

168 — *Boulevard extérieur (Paris, 1878)*.

Au fond, on aperçoit les Invalides ; de chaque côté du boulevard, des haies et quelques constructions couvertes de neige.

La chaussée également est blanche ; à droite, un tombereau, attelé de trois chevaux, est arrêté ; des balayeurs le chargent.

Le ciel gris annonce une prochaine tombée de neige.

Signé à gauche, en bas : *Jongkind, 1878*.

Toile. Haut., 23 cent.; larg., 32 cent.

LÉPINE (Stanislas)

169 — *Le Canal Saint-Martin.*

L'heure calme du soir, après une chaude journée. Au milieu du canal, un chaland monte à allure lente ; sur les bords, d'autres chalands sont amarrés.

Au fond, un pont de pierre, aux arches qui s'ouvrent sur un fond de lumière. A gauche, le quai est bordé de maisons à demi enveloppées d'ombres ; celles du quai, à droite, sont plus éclairées.

Au ciel, la lune étincelle, versant de l'infini, où quelques nuages jouent autour d'elle, toute une traînée d'or à la surface de l'eau.

A gauche, sur un radeau, des gamins ont mis bas leurs vêtements et se livrent au plaisir d'une pleine eau ; déjà, deux de leurs camarades nagent près d'un sillon lumineux. Quelques becs de gaz allumés piquent des étoiles pâles dans la pénombre.

Signé à gauche, en bas : *S. Lépine.*

Toile. Haut., 1 m. 16 ; larg., 1 m. 36.

170 — *La Seine, à Paris.*

La Seine, près du pont d'Iéna, il y a des années. A gauche, de beaux arbres apparaissent au-dessus du parapet. Sur la berge, des charretiers sont en train de manœuvrer leurs tombereaux, attelés de chevaux blancs et bais, après les avoir emplis du sable déchargé d'un chaland amarré.

Du même côté, un homme fait baigner ses trois chevaux et est assis sur l'un d'eux.

Au fond, le pont de pierres, et, au-dessus, jusqu'à droite, les coteaux de Passy et du Trocadéro, nids de verdure où l'on n'avait encore que peu construit.

Le ciel est ambré par le soleil couchant, dont les reflets d'or viennent nager sur le miroir du fleuve.

Signé à gauche, en bas : *S. Lépine.*

Toile. Haut., 52 cent. ; larg., 85 cent. 1/2.

171 — *Confluent de la Seine et de la Marne.*

Signé à droite, en bas.

Toile. Haut., 1 m. 55 ; larg., 1 m. 82.

LÉPINE (Stanislas)

172 — *Un Canal en Hollande (Clair de lune).*

Au ciel, la lune éparpille dans la mousseline des nuages sa gerbe de lumière et laisse tomber dans l'eau miroitante une longue trouée de tons diaprés.

A droite et à gauche, des bateaux au mât où se balance une flamme, sont amarrés. Puis, de l'autre côté des quais, dont la ligne est ponctuée par la lanterne des réverbères, les constructions dressent leur masse sombre, aux angles où la lune accroche des gouttes claires.

A gauche, deux femmes sont arrêtées et causent, tandis que deux pêcheurs, dans une barque, s'écartent du bord. Dans la nuit, du même côté, on aperçoit un homme qui s'éloigne, un seau d'eau au bout du bras, et des chevaux qui avancent.

Signé à gauche, en bas.

Toile. Haut., 45 cent. ; larg., 54 cent.

173 — *Restaurant au bord de l'eau.*

A droite, coiffé de tuiles rouges, le restaurant, avec son auvent de toile blanche, s'élève de l'autre côté de la route, qu'un talus sépare de l'eau.

La rivière est encadrée d'arbres aux verdures blondes sous un ciel bleu, marqué de nuages blancs. Deux personnes font une promenade en barque.

Signé à gauche, en bas.

Toile. Haut., 38 cent.; larg., 65 cent.

174 — *La Seine, près des Tuileries*
(Clair de lune).

Près de la berge, le chaland est amarré ; une planche sert de passerelle, et les coltineurs le déchargent dans un tombereau, arrêté sur le chemin du hâlage et attelé de deux chevaux blancs.

A gauche, au-dessus du parapet du quai, on aperçoit le pavillon de Flore ; à droite, le massif d'arbres, au bas du quai, met ses notes d'ombre sur l'eau.

Au ciel, la lune, autour de laquelle valsent les nuages, verse ses gerbes de lumière que l'eau frissonnante promène sous les arches du Pont Royal.

Signé à gauche, en bas.

Toile. Haut., 26 cent. 1/2 ; larg., 37 cent. 1/2.

LÉPINE (STANISLAS)

175 — *Quai de Bercy.*

Une lumière diffuse tombe du ciel clair et ensoleillé ; sur les quais, les débardeurs sont occupés à charger des tonneaux, sur des haquets que leurs chevaux attendent.

Au fond, les maisons de l'île Saint-Louis ; et plus loin, Notre-Dame de Paris, dont la fière silhouette s'estompe sous la lumière.

Signé à droite, en bas : *S. Lépine, 1867.*

Toile. Haut., 30 cent.; larg., 48 cent.

176 — *La Rue du Mont-Cenis, à Montmartre.*

A gauche, de l'autre côté du mur, les grands arbres d'un parc ; à droite, des terrains vagues formant talus.

Au milieu, la chaussée qui descend vers la ville nouvelle ; dans les profondeurs de l'atmosphère, sous le ciel baigné de lumière, on aperçoit des constructions récentes, puis la plaine.

Sur la chaussée, près d'un réverbère à potence, un homme et deux femmes sont arrêtés et causent debout.

Signé à droite, en bas.

Toile. Haut., 34 cent. 1/2 ; larg., 26 cent.

177 — *Clair de lune.*

A gauche, un bois ; à droite, les maisons du village ; au milieu, une rivière, où deux vaches et un cheval s'abreuvent, tandis que la lune, irradiant au ciel encore bleu, y plonge son reflet d'argent.

Signé à droite, en bas.

Toile. Haut., 24 cent. ; larg., 32 cent.

178 — *L'Estacade, à Paris.*

A gauche, l'amarre d'un chaland où deux hommes sont occupés à attacher une barque ; près du chaland, un homme manœuvre une autre barque, avec une perche.

Au fond, de l'autre côté de l'estacade, dont les pilotis et les charpentes sont noirs, le pont et les maisons blanches, que domine un dôme d'église.

A droite, l'extrémité du quai de l'île Saint-Louis, dominé par un massif d'arbres et d'autres maisons, blanches sous le soleil.

Le ciel bleu se réfléchit dans le fleuve, dont l'eau semble participer à la gaîté du soleil.

Signé à gauche, en bas.

Toile. Haut., 31 cent.; larg., 45 cent.

LÉPINE (Stanislas)

179 — *Pont de Sèvres, Vue prise du viaduc de Meudon, hauteur des Moulineaux (1876).*

Au premier plan, le sol, en pente douce, est couvert d'une herbe émaillée de fleurettes.

Au milieu, au-dessus des environs des Moulineaux, la Seine coule, large nappe nacrée, au-dessus de laquelle le pont de Sèvres cintre ses arches de pierre. C'est là comme un miroir de lumière, dans l'encadrement touffu des bois qui montent jusqu'à l'horizon.

Le ciel est gris, avec de gros nuages blancs.

Signé à droite, en bas.

Toile. Haut., 22 cent. 1/2 ; larg., 33 cent.

180 — *La Seine, à Paris.*

La Seine, du côté d'Ivry ; à droite, le fleuve, traversé par un pont de pierre, blond sous le soleil tamisé par les nuages du matin.

A gauche, la berge où des personnages vaquent à diverses besogne.

Sur le fleuve, un homme se tient debout, dans une barque ; le long des berges, quelques chalands arrêtés ; un remorqueur vient de passer sous le pont.

Signé à gauche, en bas.

Toile. Haut., 19 cent. 1/2 ; larg., 39 cent. 1/2.

181 — *L'Estacade.*

A l'extrémité de l'île Saint-Louis, de l'autre côté de la passerelle aux charpentes noires, Paris montre ses vieux quartiers, tout éclairé sous un ciel d'azur.

Au premier plan un chaland amarré, que des ouvriers déchargent à l'aide d'une grue. A droite, le mur du quai, dominé par la verdure des arbres, met de clairs reflets dans l'eau transparente.

Signé à gauche, en bas.

Panneau. Haut., 14 cent. ; larg., 23 cent.

LÉPINE (STANISLAS)

182 — *Côtes de Normandie, près Luc et Bernières (Calvados). — Novembre.*

Une lande déserte à gauche ; au fond et à droite, la mer bat furieusement la côte.

Au-dessus de l'horizon, une mouette dessine son vol comme un accent circonflexe, sur le ciel tout chargé de nuages.

Signé à gauche, en bas.

Toile. Haut., 14 cent. 1/2 ; larg., 25 cent. 1/2.

183 — *Conflans.*

Au tournant du fleuve, la ville, blanche sous la lumière, qui tombe du ciel ouaté de nuages, étage ses constructions que domine un clocher.

Sur l'eau, quelques embarcations ; la campagne, découverte sur une vaste étendue, est agrémentée par place de peupliers et de massifs d'arbres.

Signé à gauche, en bas.

Panneau. Haut., 15 cent.; larg., 23 cent.

184 — *Bords de Rivière.*

A gauche, un bois dont les frondaisons touffues se reflètent dans l'eau ; à droite, à demi cachée parmi les branches, une maison attenant à un parc, dont on aperçoit le mur de clôture.

Au delà des premiers plans, occupés par un champ, la rivière dessine un coude.

Le ciel est éclairé de belles rousseurs d'été.

Signé à droite, en bas.

Panneau. Haut., 15 cent.; larg., 23 cent.

185 — *Le Trocadéro.*

Vu de la Seine, du côté de Grenelle, le Trocadéro qui semble émerger d'un nid de verdure.

A gauche, l'extrémité de l'île des Cygnes ; un bateau-mouche se dirige vers le Point-du-Jour. Derrière lui, une embarcation à voile.

Au fond, le haut des maisons qui s'étagent sur la colline.

Ciel bleu, où courent des nuages gris.

Signé à gauche, en bas.

Panneau. Haut., 15 cent.; larg., 23 cent.

LÉPINE (Stanislas)

186 — *Le petit bras de la Seine, au Pont-Neuf.*

A gauche, le long du quai, un remorqueur est arrêté, ainsi que son train de chalands ; à droite, une péniche et sa mâture, et une embarcation de pêcheur qui s'éloigne du bord. A droite et à gauche, le long des quais, des arbres aux frondaisons printanières.

De l'autre côté du pont, que traversent des véhicules, le Louvre dresse ses majestueuses constructions sous une lumière blonde, aux reflets frissonnants dans la Seine.

Signé à gauche, en bas.

Panneau. Haut., 15 cent.; larg., 23 cent.

187 — *Terrassiers, au Trocadéro.*

Au fond, le Trocadéro, blanc sous la lumière du ciel bleu, et plus loin les maisons et une cheminée d'usine.

A gauche, un massif d'arbres. A droite, deux tombereaux arrêtés, attelés de forts chevaux blancs et noirs. Des terrassiers sont occupés à les charger. Le conducteur fait boire son cheval dans un seau. A droite, près du second tombereau, deux terrassiers se reposent et causent, l'un assis, l'autre debout.

Signé à gauche, en bas.

Panneau. Haut., 15 cent.; larg., 23 cent.

MANET (Édouard)

188 — *Jeune femme.*

De trois quarts à droite, vue jusqu'à mi-corps ; elle est vêtue d'un manteau à pèlerine, de couleur beige. Une rose en ferme le col, assez dégagé pour laisser voir la chemisette au poignet rabattu et empesé.

Les bras pendent naturellement.

Le visage est rond, les yeux noirs au regard tourné vers la droite, les lèvres rouges, le teint animé.

Les cheveux bruns, qui s'échappent en frisures sur le front, sont coiffés d'un chapeau garni des plumes d'un coq de bruyères et bordé d'un ruban violacé.

La figure se détache sur un fond bleuté.

Signé à droite, vers le bas : *E. M.*

Toile. Haut., 54 cent.; larg., 35 cent.

MANET (ÉDOUARD)

189 — *La Femme à l'épingle d'or.*

Une jeune femme en noir, debout, de face ; le corsage est
échancré en pointe et bordé d'une ruche de dentelle ; l'ouver-
ture est retenue par une épingle d'or.

Les cheveux, coiffés avec une raie sur le côté et un bandeau
arrondi sur le milieu du front, portent un chapeau noir, posé
de côté.

La main gauche est gantée de suède gris.

A droite, en bas : *Certifié de Édouard Manet.* — Vve MA-
NET.

Toile. Haut., 91 cent.; larg., 71 cent.

190 — *Pelouse du Champ de courses*
de Longchamps.

A gauche, appuyée contre les fils de fer, une jeune femme
en toilette blanche et chapeau de paille jaune à rubans noirs ;
elle tient, de ses mains gantées de suède jaune, une ombrelle
ouverte grenat.

Près d'elle, à droite, vue de dos, une femme enveloppée
d'un cache-poussière mastic et la tète cachée par une ombrelle
grise.

Derrière elle, dans une voiture, plusieurs chapeaux fleuris.

Signé à droite, en bas : *Manet, 65.*

Toile. Haut., 38 cent.; larg., 23 cent.

MICHEL

191 — *Plaine.*

La plaine immense, aux lignes précises, sous un ciel nuageux.

A droite, un personnage s'y promène, accompagné d'un
chien.

Toile. Haut., 31 cent. 1/2 ; larg., 37 cent.

MILLET (Jean-François)

192 — *Jésus remis à sa Mère.*

Le Christ vient d'être détaché de la croix : sur le sol un linceul est étendu, où la couronne d'épines marque sa trace sanglante : la Vierge, agenouillée derrière, soutient le torse du Christ contre elle, et du bras droit relevé cache son front abattu ; elle est vêtue de rouge, une cape bleue jetée sur les épaules et la tête.

Le Christ est assis sur le sol, les jambes ployées, la main gauche touchant le sol, la paume en dedans, la main droite tombant, inerte, sur le genou gauche.

Signé à gauche, en bas, des initiales : *J.-F. M.*

Panneau. Haut., 34 cent. 1|2 ; larg., 26 cent.

MONET (Claude)

193 — *Bateaux sur un fleuve.*

La Seine près de Puteaux. Au fond, le quai est bordé par des constructions qui s'élèvent devant un rideau d'arbres, sous le ciel où le soleil se lève.

Le long de la berge, des barques sont amarrées. Le long de l'autre berge, au second plan, des chalands, dont on ne voit qu'une partie, sont amarrés également côte à côte.

A droite, on aperçoit la partie d'un autre chaland, retenu au bord par une amarre.

Signé à droite, en bas : *Claude Monet.*

Toile. Haut., 55 cent.; larg., 74 cent.

MORIZOT (Berthe)

194 — *Femme cousant.*

De profil à droite, près d'une table qui porte un vase et un nécessaire à ouvrage ouvert, une jeune femme blonde, le front penché en avant, est en train de coudre.

Elle est vêtue d'une toilette verte et porte au cou un fichu de mousseline brodé.

Signé à gauche, en haut : *B. Morizot.*

Toile. Haut., 64 cent.; larg., 52 cent. 1/2.

MORIZOT (Berthe)

195 — *Bateaux.*

Au bord de la Seine, près de Bougival, des bateaux de plaisance sont amarrés. Yachts élégants aux mâtures où flottent des flammes de couleurs.

Autour d'eux bat l'eau boueuse. Au fond, de l'autre côté d'une prairie aux verdures pâles, les constructions de briques rouges, et un bois, sous le ciel gris et nuageux.

Signé à gauche, en bas.

Toile. Haut., 82 cent.; larg., 45 cent.

PISSARRO (Camille)

196 — *Matinée de Printemps.*

Un champ livré à diverses cultures et que des arbres masquent de place en place de taches d'ombre.

Un bois limite l'horizon, sous le ciel bleu paré de nuages blancs.

A gauche, une vache, vue de dos, se régale d'herbe fraîche.

A droite, plus loin, un paysan et une paysanne travaillent, le torse penché en avant.

Toile. Haut., 44 cent.; larg., 54 cent.

197 — *La Charrette.*

A mi-côte de la colline, dont le sol est occupé tantôt par des champs, tantôt par des bois, le chemin est tracé, que suit une charrette.

A droite, une paysanne est arrêtée près de la pente de la colline, dont la silhouette accentue son relief sur le ciel bleu, paré de nuages blancs ensoleillés.

Signé à gauche, en bas.

Toile. Haut., 44 cent.; larg., 53 cent.

198 — *Moutons rentrant à la Bergerie.*

La bergère ouvre la porte de la cour, et les moutons vont rentrer ; au fond, les bâtiments de la ferme, à toiture de tuiles rouges.

Quelques poules, dans la cour, picorent parmi le fumier. Sur le bord de la haie, à droite, quelques linges sèchent.

Signé à droite, en bas : *Pissarro, 1886.*

Toile. Haut., 44 cent. 1/2 ; larg., 36 cent. 1/2.

PISSARRO (Camille)

199 — *Effet de Brouillard, en Novembre.*

A l'entrée d'un bois, derrière les frondaisons desquelles on devine des constructions hautes, tout s'enveloppe de brume froide et grise, sous le ciel, où le soleil ne parvient pas à montrer son orbe de feu.

Signé à gauche, en bas : *1874.*

Toile. Haut., 44 cent. 1/2 ; larg., 54 cent.

POTÉMONT (Adolphe)

200 — *Au Bois de Meudon.*

Sur un pli de terrain, parmi les herbes touffues, deux femmes en bonnet, sont assises, vues de dos, et travaillent à la couture ; l'une a un caraco bleu, l'autre une robe grise.

Autour d'elles, de grands arbres dressent leur tronc où s'accroche la lumière, sur le fond des frondaisons vertes.

Signé à gauche, en bas.

Toile. Haut., 30 cent.; larg., 45 cent.

PRUD'HON (Pierre)

201 — *Esquisse du portrait de M. de Sommariva.*

Assis sur un banc de pierre, la tête de face, le corps de profil, il est vêtu d'un habit bleu, d'une culotte grise et chaussé de bottes à revers.

Toile. Haut., 22 cent.; larg., 16 cent. 1/2.

Vente de Boisfremont, le 15 avril 1864, n° 10.

RENOIR (Pierre-Auguste)

202 — *La Pensée.*

Une jeune femme assise comme en une corbeille de fleurs; elle est vêtue de bleu et de blanc.

Ses cheveux blonds sont dénoués ; il s'y mêle une rose. Son bras droit est relevé près du visage, aux joues roses, aux yeux noirs ; le doigt taquine la lèvre, qui retient un sourire.

Une fossette creuse délicieusement le menton.

Il y a, dans cette chair de dix-huit ans, des frisons de sève et des clartés de rêve.

Signé à gauche, en bas.

Toile. Haut., 60 cent.; larg., 54 cent.

RENOIR (Pierre-Auguste)

203 — *Café-concert.*

Un music-hall ; à gauche, la salle, où tout le public est entassé, bavard et curieux.

A droite, une loge occupée par deux jeunes femmes ; la première, de profil à gauche, est vêtue de drap vert foncé et coiffée d'une capote bleue, sur ses cheveux châtain clair. Elle tient à la main un bouquet de fleurs et a déposé sur le rebord de la loge son voile de dentelle blanche et son éventail.

A sa droite, à demi cachée dans le fond de la loge, sa compagne est vue de profil, vêtue de bleu et coiffée d'un chapeau rond sur ses cheveux fauves.

Signé à gauche, en bas.

Toile. Haut., 65 cent.; larg., 50 cent.

204 — *Jeune Femme.*

Jeanne Samary à l'époque où elle entrait au Conservatoire : l'adolescence épanouie ; la fleur éclatante de jeunesse : une vierge de Greuze, dont le Chérubin de Beaumarchais aurait fait l'éducation ; l'esprit dans l'ingénuité ; la naïveté avec la finesse ; l'extraordinaire gaieté aboutissant à une émotion extraordinaire. L'enfant où l'on devine la femme ; la femme, qui sans mièvrerie, garde sa grâce d'enfant. Le peintre a dit tout cela dans ce portrait, au col dégagé d'une fine chemisette, qui ne gêne ni les bras, ni la poitrine.

Un ruban noir retient les cheveux blonds, rebelles au rythme de la coiffure, mais si harmonieux, si chauds, si imprévus dans leur ébouriffement ! Dans les yeux bleus profonds, la sensibilité met en même temps du soleil et des larmes. Le nez court a de mutines palpitations d'ailes. La bouche entr'ouverte, aux lèvres rouges comme des cerises, laisse apercevoir les dents blanche, dans un sourire perlé.

La tête se détache sur un fond grenat. Tout ceux qui ont applaudi et regretté l'infortunée comédienne trouveront dans ce portrait, qui est un chef-d'œuvre, une vision lointaine dont l'enchantement humain se revêt d'éternité.

Signé à droite, en haut.

Toile. Haut., 41 cent.; larg., 32 cent.

RENOIR (Pierre-Auguste)

205 — *Tête de femme.*

Une jeune femme blonde, en robe noire au corsage ouvert en carré et bordé de dentelle. Elle est vue à mi-corps, de profil à droite, la tête légèrement inclinée sur l'épaule, la paupière mi-close sur l'œil bleu profond, les lèvres roses prêtes à parler.

Les deux mains sont relevées et se tiennent au bord du corsage.

Signé à gauche, en bas.

Toile. Haut., 60 cent.; larg., 40 cent.

206 — *La jeune Fille au Banc.*

Le banc sur lequel elle est assise est caché dans la verdure, elle, jeune et blonde, coiffée d'un béret noir, émerge du fouillis des tiges comme une fleur. Le soleil lui met des perles d'or au front, au nez, aux joues. Elle a les mains unies, les doigts joints, le coude droit portant sur le dossier du banc.

Une cravate de dentelle blanche et une chemisette à col souple rabattu s'opposent de ton à la casaque foncée.

Signé à droite, en bas.

Toile. Haut., 61 cent.; larg., 50 cent.

207 — *La jeune Fille aux longs cheveux.*

Dans un jardin, elle est vue jusqu'à mi-corps, de profil à gauche, la tête de trois quarts et légèrement penchée vers l'épaule gauche. Elle est vêtue d'une robe bleue aux tons changeants ; sous son chapeau de paille bordé de dentelle, ses longs cheveux châtain foncé descendent souples et ondulés et se partagent sur les épaules. De la main droite, dont une bague d'émail bleu orne l'annulaire, elle soulève une tresse, sans coquetterie, simplement. Une boucle longue pend à son oreille ; ses yeux sont très bleus, ses lèvres closes, roses et souriantes, le nez fin et espiègle.

Signé à gauche, en bas.

Toile. Haut., 54 cent.; larg., 45 cent.

208 — *Les Grands Boulevards (Paris).*

Un dimanche de printemps clair : il y a de la gaîté dans les arbres aux verdures blondes, dans le grouillement de la foule, dans l'élan inaccoutumé des chevaux de fiacre.

Signé à droite, en bas : *75.*

Toile. Haut., 49 cent.; larg., 60 cent.

RENOIR (Pierre-Auguste)

209 — *Tête d'Enfant.*

Vue de face, blonde, coiffée de bleu, le col dégagé.
Signé à droite, en bas (dans l'angle).

Carton. Haut., 15 cent.; larg., 12 cent. 1/2.

210 — *Glaïeuls.*

Sur une table, couverte d'une nappe blanche, un vase de grès d'où s'échappent des glaïeuls, des iris et d'autres fleurs.
Signé à droite, en bas.

Toile. Haut., 73 cent.; larg., 57 cent.

211 — *Verger à Louveciennes (Seine-et-Oise), 1875.*

De grand matin ; le jour qui se lève n'a pas encore dégagé la brume qui enveloppe les choses d'une ambiance grise. Pourtant, sous la clarté du soleil qui s'annonce, les amandiers tendent vers le ciel bleu léurs branches chargées de fleurs.
A gauche, deux paysannes sont en train d'en cueillir.
Signé à gauche, en bas.

Toile. Haut., 54 cent.; larg., 64 cent.

RIBOT (Théodule)

212 — *La Lecture.*

A droite, en bas, une femme âgée, dont on ne voit que la tête, de trois quarts à gauche, qui lit en s'aidant d'une loupe. Elle a les cheveux noirs et est coiffée d'une cape verte bordée de velours. Devant elle, deux jeunes filles, dont l'une, nu-tête, cheveux blonds, vue de profil à droite, l'autre de trois quarts à droite, la tête coiffée d'une cape brune à bordure rouge.
Signé à gauche, en bas.

Toile. Haut., 41 cent.; larg., 58 cent. 1/2.

Exposition Ribot, 1880.

ROUSSEAU (Théodore)

213 — *Le Puy.*

De la hauteur où le peintre s'était placé, le panorama de la ville se détache nettement ; au pied des massifs rocheux, les maisons sont groupées à gauche, et, à droite, pour la ville haute, en amphithéâtre ; la cathédrale apparaît, présentant sa façade à la lumière.

A gauche, derrière les maisons, la rivière fait serpenter son cours argenté, que traverse un pont de pierre.

Au loin, au delà des vallonnements, les montagnes montent sous le ciel aux nuages ensoleillés, masses qui s'enveloppent d'atmosphère bleue, à l'horizon.

Signé à droite, en bas : *Th. R.*

Toile. Haut., 43 cent.; larg., 63 cent.

Vente Beurnonville.

214 — *Petite Vallée des Rouars.*

C'est le plein été : la chaleur lourde tombe du ciel, dont l'azur est voilée par des vapeurs torrides.

Sur le sol, les herbes fauchées sèchent; de place en place, des rochers émergent du sol et semblent calcinés sous la lumière diffuse et blonde.

Au milieu de la vallée serpente un étroit chemin, que suit une paysanne, en jupe brune, camisole et bonnet blancs.

A gauche, au pied d'une colline à pente douce, quelques chaumières sont tapies sous les branches ; au fond, un petit bois masque l'horizon ; plus loin, vers la droite, d'autres bois blondissent sous la clarté estivale.

Signé à droite, en bas.

Panneau. Haut., 40 cent.; larg., 64 cent.

215 — *Vallée d'Auvergne.*

Par des pentes successives, le pays monte jusqu'à l'horizon, où, sous la transparence de l'air, les cimes bleutées semblent pénétrer dans le ciel.

A gauche, parmi des bruyères et des arbres, des chaumières offrent leur modeste architecture aux baisers d'un soleil couchant.

Dans le ciel d'azur, les nuages font voltiger d'adorables harmonies blondes.

A droite, aux seconds plans, un massif aux frondaisons rouillées par l'automne.

Signé à gauche, en bas : *Th. R.*

Toile, Haut., 33 cent.; larg., 51 cent.

ROUSSEAU (Théodore)

216 — *Automne.*

Sur un mamelon de terrain, un petit bois aux frondaison que l'automne va roussir.

Au fond, sous la lumière blonde du soleil, d'autres montagnes, que l'éloignement bleuit à travers l'atmosphère.

A gauche, dans le sentier qui descend, une petite figure.

Signé à gauche, en bas, du monogramme de la vente Théodore Rousseau.

Au dos, le cachet de la vente.

Haut., 23 cent.; larg., 31 cent. 1/2.

217 — *Le Monastère.*

Les constructions s'élèvent sur un plateau qui domine la vallée, et est dominé lui-même par les hautes montagnes, dont les forêts apparaissent nimbées de bleu sous la profondeur de l'atmosphère.

A gauche, en bas, les initiales: *Th. R.*

Peint sur papier, monté sur toile en 1884.

Haut., 25 cent.; larg., 33 cent 1/2.

218 — *Peupliers d'Italie.*

Au milieu de la campagne, que divers accidents de terrain mouvementent, les saules élèvent leurs panaches, qu'une lumière blanche d'été dore sous l'air transparent d'un ciel d'azur à nuages légers et blancs.

A gauche, sur une route, un cavalier en blouse bleue, monté sur un cheval blanc, cause avec une femme vue de face et vêtue d'un tablier rouge, d'une coiffe et d'un fichu blancs, et d'un caraco et d'une robe noirs.

Au milieu, vers la droite, quelques bêtes paissent ou se reposent.

Signé à gauche, en bas.

Panneau. Haut., 24 cent.; larg., 41 cent. 1/2.

219 — *Sortie du Bas-Bréau, sur les Gorges d'Apremont (Étude, préparation).*

Toile. Haut., 52 cent. 1/2 ; larg., 63 cent. 1/2.

Vente posthume de Théodore Rousseau, 27 avril 1868.

ROUSSEAU (Théodore)

220 — *Soleil couchant.*

La campagne découverte; au fond, au-dessus d'une colline, un ciel nuageux, d'où le soleil couchant fait irradier sa féerie sur le ciel bleu.

Signé à gauche: *Th. R.*

Panneau. Haut.. 23 cent.; larg., 30 cent.

221 — *Vallée Saint-Vincent; au fond, chaîne du Cantal (1830).*

Signé à gauche, en bas, du monogramme de la vente Théodore Rousseau.

Toile. Haut., 17 cent. 1/2; larg., 32 cent.

Tente Sensier, décembre 1877, nº 97.

SISLEY (Alfred)

222 — *Première gelée blanche.*

La rue tourne, dessinant sa chaussée de pavés entre les trottoirs où la terre battue laisse pourtant pousser l'herbe folle. De chaque côté les maisons s'alignent, séparées par des jardins.

La rue est bordée d'une double rangée d'arbres, dont les panaches, rouillés par l'automne, se dressent sous le ciel bleu et masquent les collines boisées qui ferment l'horizon.

Le soleil, dans sa poussière d'or, caresse tout ce coin de nature, mais les herbes n'en sont pas moins poudrées à blanc. C'est la froidure qui vient; c'est pour la terre, sous la gaîté des clartés fauves, l'heure qui sonne du repos et du recueillement, pour les moissons futures.

Signé à gauche, en bas: *Sisley, 1876.*

Toile. Haut., 46 cent.; larg., 55 cent. 1/2.

Exposition Sisley, 1877, nº 85.

223 — *Effet de Neige.*

Un chemin montant; sur le sol, sur la haie qui le borde à gauche, sur le mur qui se dresse à droite, sur les arbres, sur les toitures aperçues entre les branches, la neige froide et silencieuse; le ciel, au-dessus de la nature endeuillée, plane gris, ouaté de tristesse.

Sur le chemin, une paysanne s'éloigne, un panier au bras.

Signé à droite, en bas.

Toile. Haut., 61 cent. 1/2; larg., 38 cent.

Exposition Sisley, 1877, nº 87.

SISLEY (ALFRED)

224 — *La Prairie*.

La prairie, où les herbes grandissent, est émaillée de fleurs. pâquerettes, coquelicots, bleuets. Deux fillettes, en tablier bleu et en chapeau de paille à rubans rouge et bleu, y font leur cueillette.

A droite, une clôture de bois, derrière laquelle quelques bouquets d'arbres dressent leur frondaison blonde. Et plus loin, la campagne jusqu'à l'horizon, dont les cultures grimpent au flanc des collines, sous un ciel bleu, ourlé de nuages blancs.

Signé à droite, en bas : *Sisley*, 1875.

Toile. Haut., 52 cent. 1/2; larg., 71 cent. 1 2.

Exposition Sisley, 1877, n° 86.

225 — *Soleil couchant*.

Au tournant de l'Oise ; sur les deux rives, de beaux arbres dressent leurs têtes feuillues; à droite, les branches sont rouillées par l'automne ; à gauche, l'ombre les enveloppe.

Le ciel bleu s'échauffe des clartés fauves du soleil couchant et dans la rivière, dont on suit, loin, le cours frissonnant, des reflets chantent, délicieusement attendris.

Dans un enfoncement où il est protégé, un bateau est amarré.

Signé à droite, en bas : *Sisley*, 1875.

Toile. Haut., 44 cent.; larg., 59 cent.

Exposition Sisley, 1877, n° 88.

TASSAERT (Octave)

226 — *La Convalescente et ses Enfants.*

Une de ces intimités comme Tassaert les aimait, sous le grand souffle de Lamennais.

Près de la fenêtre ouverte, par où rentrent le soleil, le printemps et la vie, la jeune mère, pâle encore des longues journées de maladie, est assise dans un fauteuil d'aïeul, la tête soutenue par des oreillers, le corps protégé par des couvertures : à droite, en arrière, sa fille aînée veille à ce que les couvertures ne s'écartent pas trop ; à gauche, un bébé voudrait se hisser sur les genoux encore trop faibles pour le poids de ses chères caresses ; une fillette en robe bleue, et les cheveux nattés, présente un bol de tisane ; par la fenêtre, assis, vu de profil, le fils contemple, avec une tendresse faite de stupeur et de crainte, cette ressuscitée, dont les yeux mouillés de gratitude cherchent le ciel.

Et derrière, dans l'ombre, l'image du Christ qui semble ouvrir les bras, non plus pour la torture du crucifiement, mais pour un bon geste d'amour et de protection, devant toute cette joie silencieuse, dont le destin aurait pu faire du deuil et des larmes.

Signé à droite, en bas.

Toile. Haut., 45 cent.; larg., 36 cent.

Exposition Tassaert.

227 — *La Pensée.*

Dans un bois, seule, avec son chien, qu'elle porte sur ses genoux, elle est assise, princesse ou fée, jeunesse toute de charme et de beauté. Elle est vêtue d'une jupe rose, aux reflets changeants comme une aurore d'avril ; sa chemise a glissé doucement du col, découvrant les épaules rondes ; le visage, vu de face, les yeux bleus tournés légèrement vers la gauche, exprime l'angoisse vague d'une âme vierge qui s'interroge : les cheveux noirs sont partagés sur le milieu du front et lissés en bandeaux : des fleurs des champs y mettent leurs couleurs attendries.

De sa main droite, elle tient une pensée, fleur de souvenir et de tristesse.... d'espoir aussi pour les cœurs animés de foi...

Signé à droite, en bas : *O. T.*

Toile. Haut., 40 cent. ; larg., 31 cent. 1/2.

TROYON (Constant)

228 — *Vache rousse, vue de dos.*

Signé à droite, en bas, du timbre de la vente.

Toile. Haut., 26 cent. 1/2 ; larg., 21 cent.

VIGNON (Victor)

229 — *Château de Croissy.*

Près d'une haie, à gauche, une vieille femme s'avance, la tête coiffée d'un bonnet blanc, un panier au bras gauche. A droite, quelques roches ; au fond, au-dessus de la Seine qui dessine son ruban argenté, le château de Croissy aux murs blancs, à la toiture grise ; et plus loin, autour, la campagne, que des collines, à l'horizon, ceinturent de hauteurs blanches sous le ciel d'été transparent.

A l'envers du tableau, on lit sur le châssis : *Château de Croissy, des hauteurs de Bougival (Seine-et-Oise, 1876).*

Signé à droite, en bas.

Toile. Haut., 16 cent. ; larg., 24 cent.

230 — *Noroy (Aisne).*

A droite, au fond, à gauche, des constructions de ferme entourant une cour ; puis au loin, à une moindre altitude, un village au milieu de la campagne.

Ciel clair où le printemps s'annonce, encore rafraîchi par es caprices de mars.

Signé à droite, en bas : *1887.*

Toile. Haut., 31 cent. ; larg., 39 cent.

231 — *Sucrier et Oranges.*

Sur une table, couverte d'une nappe blanche, un sucrier de cristal, une tasse en porcelaine de Chine, des brioches, une orange aux quartiers disséminés, et un couteau à manche d'ébène.

Signé à droite, en bas.

Toile. Haut., 33 cent. 1 2 ; larg., 44 cent. 1/2.

232 — *Vaux, près de Champagne (Seine-et-Oise), 1885.*

La route monte et tourne, bordée à gauche par de grands arbres, à droite, par une pente boisée également.

Au fond, au tournant de la route, une construction aux murs blancs, au toit de tuiles brunes.

Une paysanne descend la route. Le ciel apparaît au-dessus des hauteurs, bleu, ensoleillé, et parfois ennuagé de blanc.

Signé à gauche, en bas.

Toile. Haut., 34 cent. 1/2 ; larg., 38 cent.

VIGNON (Victor)

233 — *Chaumières à Chenival.*

Au pied de la colline où elles s'abritent, les chaumières s'alignent, coiffées de toitures aux arêtes aiguës ; à gauche, les prés qui s'étendent devant les chaumières.

Ciel gris.

Signé à droite, en bas : *1889*.

Toile. Haut., 30 cent. 1/2 ; larg., 44 cent.

234 — *Chemin du Cimetière, à Jouy-le-Comte (Seine-et-Oise).*

A droite, la colline, brusquemeut arrêtée, forme un massif abrupt, au front hérissé de verdure. A gauche, sur la route qui tourne, un chariot s'avance, traîné par un cheval blanc. Plus loin, de l'autre côté des terres en culture, ies maisons du hameau, et plus loin encore, jusqu'à l'horizon, la campagne aux parallèles tracées par la charrue, sous un ciel chaud où le soleil va paraître.

Signé à gauche, en bas.

Daté à droite, en bas : *85*.

Toile. Haut., 44 cent. 1/2 ; larg., 36 cent. 1/2.

235 — *Vallée du Saussiron, vue de la plaine de Fontenille.*

Le soleil d'automne dore la terre, après avoir rouillé les frondaisons de l'arbre vers lequel la paysanne lève le bras.

Au fond, la vallée, sous un ciel bleu.

Signé à gauche, en bas.

Daté à droite : *88*.

Toile. Haut., 31 cent. ; larg., 39 cent.

236 — *Le Chemin des Vignes, à Hédouville (Seine-et-Oise).*

Un chemin étroit, tout bordé de verdure, d'où émergent les chaumières.

Une paysanne s'avance sur ce chemin.

Au loin, les collines qui interrompent le ciel nuageux.]

Signé à gauche, en bas.

Toile. Haut., 31 cent. ; larg., 45 cent. 1/2.

VIGNON (VICTOR)

237 — *La Maison du père Mayeux, à Varangeville.*

A droite, la petite maison, aux tuiles rouges, découvre, à l'horizon, les voiles qui se balancent, comme de grands oiseaux sombres, sur la mer calme.

Au fond, vers le milieu, sous un ciel nuageux, les falaises au front garni de verdure.

Signé à gauche, en bas : *87.*

Toile. Haut., 37 cent. ; larg., 45 cent.

238 — *Plaine des Chaînes, près Val-Hermay.*

Le chemin se dessine étroit entre les pentes verdoyantes, où parfois se creusent des carrières. Au fond, dans la plaine, les maisons du village. Le ciel bleu, marqué de nuages blancs. apparaît entre les branches encore dépouillées des arbres.

Signé à droite, en bas.

Toile. Haut., 30 cent. 1 2 ; larg., 44 cent.

239 — *Pot et Fruits.*

Sur une table de cuisine, un poulet, des oignons et des radis, et un fromage de Camenbert assis sur son paillasson.

Signé à gauche, en bas.

Toile. Haut., 32 cent. ; larg., 40 cent. 1 2.

240 — *Dans la Prairie (Saint-Waast, près la Ferté-Milon).*

Au delà de la plaine, où une paysanne se promène, le village aux petites maisons coiffées de tuiles brunes, et, plus loin, de l'autre côté d'une autre prairie, un bois aux frondaisons roussies par l'automne.

Ciel bleu où passent des clartés roses.

Signé à gauche, en bas.

Panneau. Haut., 20 cent. ; larg., 27 cent.

241 — *Les Saules.*

Dans un pré, quelques saules ; à gauche, une jeune femme, en jupe grise, caraco blanc et chapeau de paille à rubans rouges, se promène au soleil.

Signé à gauche, en bas.

Toile. Haut., 15 cent. ; larg., 23 cent. 1/2.

Vente J. Héreau.

VIGNON (Victor)

242 — *Hameau de Vaux, près de Champagne (Seine-et-Oise).*

Une route ensoleillée, bordée, à droite, par un mur à crête caché sous des branches d'arbres en fleurs, à gauche, par une prairie, au bord de laquelle une femme est assise, berçant son enfant.

Les maisons des hameaux occupent le fond, jusqu'à l'endroit où la route tourne.

Plus loin, des collines dont la pente est cultivée.

Le ciel est bleu, avec des nuages blancs et gris.

Signé à droite, en bas : *Vignon, 1885.*

Toile. Haut., 31 cent. ; larg., 46 cent.

243 — *Les Falaises de Varangeville.*

A gauche, à mi-côte des falaises, dont les herbes sont roussies par l'été brûlant et sec, une petite masure de briques et de tuiles rouges.

A droite, sous le ciel d'été chaud, la mer bleue, qu'une barque à voiles marque comme un grand oiseau blanc.

Signé en bas, à droite : *Vignon, 1887.*

Toile. Haut., 53 cent. ; larg., 53 cent. 1 2.

244 — *Jouy-le-Comte (Seine-et-Oise).*

Dans les champs, une paysanne debout, en robe brune, tablier bleu et fichu rose en guise de coiffure, garde sa chèvre, qui broute.

Au fond, sous le ciel chaud et parmi les terres en culture, l'unique rue du village, aux maisons coiffées de tuiles.

Signé à gauche, en bas.

Toile. Haut., 31 cent. : larg., 44 cent. 1/2.

245 — *Jouy-le-Comte (La Cavée).*

L'endroit où la route bifurque, entre des talus hérissés de bruyères ; une femme à fichu rouge s'éloigne.

A gauche, quelques maisons à tuiles rouges et brunes.

Signé à gauche, en bas.

Toile. Haut., 35 cent. 1 2 ; larg., 44 cent. 1 2.

VIGNON (VICTOR)

246 — Saint-Nicolas, effet de brouillard (Vallée de l'Oise).

C'est l'instant où le brouillard se dissipe. Les constructions semblent grises, sous le ciel, gris lui-même, qui se rougit, à l'horizon, du premier rayon du soleil levant.

A gauche, au fond, l'Oise aux reflets argentés serpente dans la vallée, que quelques bouquets d'arbres parent.

Signé à droite, en bas.

Toile. Haut., 31 cent. ; larg., 45 cent.

247 — Parmain (Seine-et-Oise). — 1886.

Une côte dénudée, et, plus loin, les maisons du village, qui regardent la campagne, et sont adossées à un bois.

Ciel gris, où le jour éveille des clartés roses.

Signé à droite, en bas.

Toile. Haut., 26 cent. ; larg., 34 cent.

248 — L'Église de Jouy-le-Comte (Vue du Chemin du Cimetière).

A mi-côte, l'église s'élève, flanquée du presbytère.

Un chemin montant y conduit, bordé de bruyères et d'arbres ; à droite, les maisons du village, de l'autre côté de la campagne. Au loin les collines.

La neige est tombée ; la terre est froide, et dans le ciel qui s'éclaire de soleil d'hiver, les oiseaux affamés s'élèvent en un grand vol bruyant.

Signé à gauche, en bas.

Toile. Haut., 31 cent. ; larg., 44 cent. (2.

249 — Femme épluchant des pommes de terre.

La vieille Lisa, de profil à gauche, le front incliné en avant, attentive à sa besogne.

Elle est coiffée d'un madras gris et vêtue d'un costume noir, que protège un tablier de toile bise.

Devant elle, un panier et un seau.

Signé à droite, en bas.

Toile. Haut., 37 cent. (2; larg., 45 cent.

VIGNON (Victor)

250 — *Le Chemin de la Plaine de Fontenelle.*

A droite et à gauche du chemin, la plaine émaillée de fleurettes jaunes, sous un ciel bleu ennuagé de gris.

Signé à droite, en bas.

Toile. Haut., 30 cent. 1/2; larg., 44 cent.

VILLEVIELLE (Léon)

251 — *Soleil couchant en forêt.*

Sur le chemin, bordé d'arbres, au bout duquel le ciel s'est empourpré des lueurs du soleil couchant, des figures déambulent et s'éloignent; un cavalier s'avance.

Signé à droite, en bas.

Panneau. Haut., 7 cent. 1 2; larg., 13 cent.

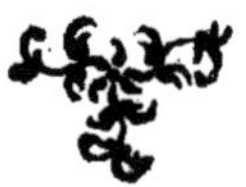

DEUXIÈME VENTE

AQUARELLES

BARYE (Antonin-Louis)

252 — *Une Biche.*

Dans un site montagneux, sous un ciel chargé de nuages, une biche, de profil à droite, la tête tournée vers la gauche.

Les herbes du sol sont éclairées par un pâle rayon de soleil.

Signé à gauche, en bas.

Aquarelle.

Haut., 10 cent. ; larg., 11 cent. 1 2.

Exposition Barye, à l'École des Beaux-Arts. 1889. n° 695.

BOUDIN (Eugène)

253 — *Landerneau.*

Une eau claire, où de grands arbres se réfléchissent ; au milieu, plusieurs sloops de pêche arrêtés.

Ciel calme, où passent de grands nuages.

Signé à droite, en bas.

Aquarelle sur papier blanc vergé.

Haut., 22 cent. 1 2 ; larg., 35 cent.

254 — *La Mare.*

A droite, au fond, les maisons d'un hameau, encadrées de verdure. Devant, des champs où stagne l'eau d'une mare ; ciel blond ensoleillé.

Signé à gauche, en bas.

Aquarelle sur papier blanc.

Haut., 18 cent. ; larg., 31 cent. 1 2.

COROT (Camille)

255 — *La Joueuse de luth*.

Assise, vue presque de face et jusqu'à mi-jambes, une jeune femme joue du luth ; elle est vêtue d'une jupe grenat, d'une casaque noire, d'un corsage décolleté. Elle a des cheveux blond roux, coiffés d'un chapeau noir, bordé de velours noir.

Derrière elle, le ciel bleu. A gauche, un rideau rose.
Aquarelle sur papier blanc.

Haut., 15 cent. ; larg., 11 cent.

DAUMIER (Honoré)

256 — *Chasseurs se chauffant*.

Ils sont tous trois devant l'âtre, où on a allumé une belle flambée en leur honneur.

A droite, un vieillard assis dans un fauteuil est vu de profil ; sa vieille figure ridée à favoris blancs, le bonnet de coton dont il s'est coiffé, sa chemise, son veston, sont éclatants de lumière.

Près de lui, vu de trois quarts à gauche, un des chasseurs allume sa pipe ; il a la barbe noire, les yeux exorbités, et il est coiffé d'un feutre mou en équilibre sur le sommet de la tête.

A gauche, face au feu, le dos dans l'ombre, un troisième chasseur, le torse calé de la main gauche à la cuisse, tourne vers eux la tête et cause. Près de lui, du même côté, son chien a pris sa place au foyer ; il est assis sur son arrière-train et regarde la flamme.

Sur le rebord de l'âtre, quelques poteries apparaissent dans l'ombre ; au fond, à droite, un tableau est accroché au mur.

Signé à droite, en bas : *H. Daumier*.
Aquarelle sur papier blanc.

Haut., 24 cent. ; larg., 33 cent. 1 2.

257 — *Bravo !*

Dans le salon, tout en bâillant, il applaudit avec force aux romances sentimentales de la jeune personne aperçue debout, de l'autre côté du piano, la bouche en cœur.

Il est assis dans un canapé rouge.
Signé à droite, en bas : *H. D.*
Aquarelle.

Haut., 24 cent. 1 2 ; larg., 22 cent. 1 2.

DELACROIX (EUGÈNE)

258 — *Jésus au Jardin des Oliviers.*

Il est écroulé sur une roche ; à gauche, dans l'ombre, les disciples dorment ; au fond, à droite, la milice qui va obéir au signe de Judas, s'avance, dans une lueur d'enfer.
Aquarelle.

Haut., 25 cent. ; larg., 20 cent. 1 2.

Exposition Delacroix, à l'École des Beaux-Arts, 1885, n° 260.

259 — *Une Loge au théâtre.*

La jeune femme se tient debout dans le fond de la loge. Devant elle, la tête détournée pour la voir, l'homme, une main appuyée au rebord de la loge, semble en proie à une surprise désagréable. On devine un drame intime, dans ce coin enveloppé d'ombre.
Signé à gauche, en haut : *Eug. Delacroix, 1831.*
Aquarelle et sépia.

Haut., 21 cent. 1 2 ; larg., 18 cent.

Vente Durand, décembre 1874, n° 62.

Exposition Delacroix, à l'École des Beaux-Arts, 1885, n° 261.

260 — *Le Joueur de guitare.*

Accroupi, vêtu de bleu, vu de face, il joue de la gusla et tient de la main droite sa pipe de terre à long tuyau de bois.
Aquarelle sur papier blanc.

Haut., 20 cent. ; larg., 16 cent.

261 — *Un Marocain.*

Assis, les jambes croisées, en veste amaranthe, gilet bleu, turban rose.
Aquarelle sur papier blanc.

Haut., 16 cent. 1 2 ; larg., 13 cent.

262 — *Arabe au repos.*

Vêtu de blanc, il est assis sur des nattes ; près de lui son fusil à monture d'ébène.
Signé à droite, en bas, du timbre de la vente : *E. D.*
Aquarelle sur papier blanc.

Haut., 17 cent. ; larg., 24 cent.

4.

DELACROIX (Eugène)

263 — *Deux Arabes sur un sopha.*

Signé à droite, en bas.
Aquarelle sur papier blanc.

Haut., 16 cent. 1 2.; larg., 24 cent.

264 — *Un Bulgare.*

Debout, vu de trois quarts à gauche, le yatagan à la ceinture.
Aquarelle sur papier blanc.

Haut., 18 cent. : larg.. 11 cent.

265 — *Marocain assis, en burnous blanc.*

A droite, en bas, le timbre de la vente.
Aquarelle sur papier blanc.

Haut., 16 cent. : larg.. 23 cent.

266 — *Femmes arabes à la Fontaine.*

A droite, en bas, le timbre de la vente.
Aquarelle sur papier mastic.

Haut., 26 cent. 1 2 ; larg., 18 cent. 1 2.

GOYA Y LUCIENTÈS

267 — *Courses de taureaux.*

L'instant où le taureau fonce, la tête baissée, sur le caballero en plaza. De tous les points de l'arène, les toreros se précipitent. Sur les gradins, le public se laisse aller à la plus vive agitation.
Aquarelle sur papier gris, coins arrondis.

Haut., 22 cent ; larg.. 32 cent.

268 — *Le Public aux courses de taureaux.*

Dans le bas, à droite, à l'intérieur de l'arène, deux toreros en cape jaune et cape rouge.
Sur les gradins, une foule bariolée, grouillante, tumultueuse.
Aquarelle rehaussée de gouache, sur papier maïs.

Haut., 35 cent. 1 2 ; larg., 25 cent.

JONGKIND (JOHANN)

269 — *Femme sur un radeau.*

A gauche, le quai tournant le long du canal ; les maisons de briques rouges ou peintes en jaune s'éclairent de soleil, sous le ciel bleu aux nuages blancs. Le long du canal, des arbres alignés. Près de l'une des rives du canal, une femme se tient debout sur un radeau ; près de l'autre rive, un chaland est amarré. Au fond, un bois aux frondaisons touffues. Quelques personnes, à gauche, se sont mises à l'ombre des arbres.

Signé à gauche, en bas : *Jongkind.*

Aquarelle sur papier blanc.

Haut., 26 cent. ; larg., 40 cent.

270 — *Canal en Hollande.*

A droite, le canal, large et calme, où évolue un lourd chaland, dont le mât porte deux grandes voiles brunes.

Du même côté, au delà d'une maison, un bois, puis, plus loin, vers l'horizon, un moulin et une ville, que domine un clocher.

Quelques nuages au ciel.

Signé à gauche, en bas : *Jongkind. Octobre 1857.*

Aquarelle sur papier blanc.

Haut., 22 cent. ; larg., 41 cent.

271 — *Clair de lune sur le canal.*

A droite, au sommet d'un monticule, un moulin.

A gauche, le canal, où la lune, du fond du ciel ennuagé, verse des reflets d'argent à paillettes multiples. Quelques barques amarrées.

A droite, en bas, le timbre de la vente.

A droite, en bas, cette date : *18 octobre 1869.*

Aquarelle sur papier blanc.

Haut., 14 cent. ; larg., 22 cent.

272 — *La Grand'Route.*

A droite, un chemineau sur la grand'route tracée au pied d'une côte et bordée, à gauche, par une rangée d'arbres et des champs.

Au fond, au milieu, une maison.

De grands nuages blancs au ciel bleu.

Signé à gauche, en bas : *Jongkind.*

Daté à droite, en bas : *18 juillet 1885.*

Aquarelle sur papier blanc.

Haut., 14 cent. ; larg., 22 cent. 1 2.

JONGKIND (JOHANN)

273 — *Rue de Hollande.*

Une rue étroite, aux maisons pittoresques; à gauche, au fond, un clocher domine les constructions et s'élève dans le ciel clair.

Plusieurs figures de femmes paraissent, soit dans la rue, soit sur le pas d'une porte.

Signé à droite, en bas : *Jongkind, 1857.*

Aquarelle sur papier crème.

Haut., 38 cent. 1 2 ; larg., 27 cent. 1 2.

274 — *La Côte Saint-André.*

A droite, en haut de la côte, une route qui tourne; un paysan y conduit une charrette.

Quelques arbres aux branches effeuillées ; à gauche, la plaine.

Le ciel, nuagé, s'éclaire au fond de soleil couchant.

Signé à droite, en bas : *Jongkind, 18 février 1881.*

Aquarelle sur papier blanc.

Haut., 17 cent.; larg., 34 cent.

Vente posthume de Jongkind, 8 décembre 1881, n° 162.

275 — *L'Escaut à Anvers.*

Sur le fleuve calme, de grands sloops de pêche, aux voiles gonflées par le vent. A droite, au fond, la ville.

Ciel bleu, où courent quelques nuages gris.

A droite, au bas, le timbre de la vente et cette date : *Anvers, 4 octobre 1867.*

Aquarelle sur papier blanc.

Haut., 15 cent.; larg., 26 cent.

276 — *Honfleur.*

A gauche, les maisons des pêcheurs, au-devant desquelles quelques figures sont assemblées; puis la plage, et, à droite, la mer, où se balance une barque. Au fond, au milieu, un massif d'arbres. Dans le ciel, quelques nuages sombres.

Signé à gauche, en bas : *Jongkind.*

Daté à droite, en bas : *Honfleur, 1864.*

Aquarelle sur papier blanc.

Haut., 22 cent.; larg., 29 cent.

JONGKIND (JOHANN)

277 — *Canal en Hollande.*

De longs chalands amarrés le long du canal.

A gauche et à droite, sur les quais, les bâtiments des docks; puis, à droite, sous le ciel ennuagé, trois moulins à vent.

A gauche, en bas, le timbre de la vente.

Aquarelle sur papier gris.

Haut., 27 cent.; larg., 43 cent.

278 — *Rouen.*

Dans le bassin, à gauche, de grands bâtiments à voiles et à vapeur sont à l'ancre.

A droite, des marins s'éloignent en barque.

Signé à droite, en bas : *Jongkind, 1857.*

Aquarelle sur papier blanc.

Haut., 27 cent. : larg., 40 cent.

279 — *Canal en Hollande.*

Le long des quais, bordés d'arbres aux frondaisons épaisses, les bateaux de pêche sont amarrés ; les voiles pendent dans la mâture et se réfléchissent dans l'eau transparente du canal.

Le ciel est doré par la lumière diffuse du soleil couchant.

Signé à gauche, en bas : *Jongkind, 1892.*

Aquarelle sur papier maïs.

Haut., 32 cent.; larg., 26 cent.

280 — *Bateaux de pêche.*

Au bord du fleuve, les bateaux de pêche sont amarrés ; quelques-uns portent à leurs mâts de grandes voiles brunes. A gauche, dans la verdure des branches, quelques maisons ; à droite, l'eau frissonnante des reflets du ciel bleu.

Signé à gauche, en bas : *57.*

Aquarelle.

Haut., 25 cent. ; larg., 33 cent.

281 — *Le Drac, près Grenoble.*

A gauche, un champ où un paysan conduit sa charrette, attelée de deux bœufs accouplés sous le joug. A droite, de l'autre côté de terres en culture, les montagnes du Dauphiné.

Ciel ensoleillé, où volent des nuages blancs.

Signé à gauche, en bas : *Jongkind, 1883.*

Aquarelle sur papier blanc.

Haut., 16 cent. ; larg., 30 cent. 1/2.

Vente posthume de Jongkind, 3 décembre 1891, n° 137.

JONGKIND (Johann)

282 — *La Haye (8 septembre 1868)*.

Un coin de canal, des chalands, des arbres verts, des constructions aux briques claires sous un ciel bleu.
Signé à gauche, en bas : *8 septembre 1868*.
Aquarelle sur papier blanc.

Haut., 20 cent.; larg., 30 cent.

283 — *Bateaux en chantier*.

A gauche, le chantier où des bateaux sont en construction: au milieu, des sloops de pêche, avec leur mâture dressée. Au fond, la ville et le bord du bassin.
Au ciel bleu, des clartés violettes.
Signé à droite, en bas : *Rouen. Jongkind*.
Aquarelle sur papier blanc vergé.

Haut., 38 cent.; larg., 26 cent.

284 — *Nevers*.

Aux environs de Nevers; à gauche, la route bordée d'arbres; à droite, la campagne; au milieu, une petite maison: au fond, la ville.
Ciel nuageux.
Daté à droite, en bas : *Nevers, 10 septembre 1872*.
Signé à gauche, en bas, dans les terrains : *Jongkind*.
A droite, en bas, le timbre de la vente.
Aquarelle sur papier blanc vergé.

Haut., 29 cent. 1/2; larg., 47 cent.

285 — *Dordrecht*.

Un canal où se balance un sloop de pêche; au fond, l'église; à droite, le quai, dont on aperçoit les constructions, derrière une rangée d'arbres.
Signé à droite, en bas : *Dordrecht, Jongkind, 1869*.
Aquarelle sur papier blanc.

Haut., 15 cent. 1/2; larg., 25 cent. 1/2.

286 — *Rivière*.

Sur la rivière, le chaland a déployé ses voiles; sur les rives, un moulin; à droite, une pente boisée; une construction de bois sur le bord de l'eau.
Signé à gauche, en bas : *Jongking, 20 octobre 1857*.
Dessin rehaussé d'aquarelle sur papier blanc.

Haut., 22 cent.; larg., 41 cent.

JONGKIND (JOHANN)

287 — *Moulin à vent.*

Au bord d'un canal en Hollande, un moulin à vent dressant ses ailes sous le ciel bleu.
Signé à droite, en bas : *Jongkind, 1857.*
Aquarelle sur papier blanc.

Haut., 38 cent. 1 2; larg., 26 cent. 1 2.

288 — *Nevers.*

A gauche, une berge, puis une rivière d'où émergent des roseaux : puis, dans le lointain, la silhouette d'une grande ville.
Signé à gauche, en bas : *Jongkind, Nevers, sept. 1870.*
Aquarelle sur papier blanc vergé.

Haut., 12 cent.; larg., 23 cent.

289 — *Un Canal.*

Dans l'eau transparente du canal, les grands arbres se réfléchissent; au fond, à droite, à la lisière d'un bois, des bœufs paissent.
Signé en bas : *Jongkind, 21 octobre 1852.*
Aquarelle sur papier crème.

Haut., 17 cent.; larg., 26 cent. 1 2.

290 — *Lever de lune sur l'Escaut.*

Signé à droite et à gauche, en bas.
Aquarelle sur papier blanc.

Haut., 18 cent. 1 2; larg., 26 cent. 1 2.

291 — *La Falaise.*

Daté à gauche, en bas : *Honfleur, 23 septbre 1862.*
Signé du timbre de la vente.
Aquarelle sur papier crème.

Haut., 30 cent. 1 2 ; larg., 48 cent.

292 — *Le Havre.*

Une barque échouée sur les galets.
Signé à gauche, en bas : *Jongkind.*
Daté à droite, en bas : *Le Havre, 27 avril 62.*
Aquarelle sur papier blanc.

Haut., 20 cent.; larg., 35 cent.

JONGKIND (JOHANN)

293 — *Barques en chantier au bord de la mer.*

Signé à gauche, en bas.
Aquarelle sur papier blanc.

Haut., 19 cent. ; larg., 35 cent.

294 — *Environs de Grenoble.*

Signé à gauche, en bas : *29 janvier 1881.*
Dessin rehaussé d'aquarelle.

Haut., 11 cent. 1/2; larg., 24 cent.

295 — *Dordrecht.*

Daté à droite, en bas : *Dordrecht, 22 oct. 1869.*
A gauche, en bas, le timbre de la vente.
Aquarelle sur papier blanc.

Haut., 11 cent.; larg., 19 cent. 1/2.

MANET (ÉDOUARD)

296 — *La place du Théâtre Français, vue à travers les glaces d'un café.*

Signé à gauche, en bas.
Aquarelle sur papier mastic.

Haut., 13 cent. 1 2 ; larg., 16 cent. 1 2.

MILLET (JEAN-FRANÇOIS)

297 — *Le Pommier.*

Derrière les frondaisons, à droite, on aperçoit des constructions, couvertes de tuiles rouges.
Signé à gauche, en bas, du timbre de la vente : *J.-F. M.*
Aquarelle sur papier blanc.

Haut., 17 cent.; larg., 25 cent. 1 2.

298 — *Un Chemin, à Grouchy.*

A droite, en bas, le timbre de la vente.
Aquarelle sur papier crème.

Haut., 11 cent.; larg., 18 cent.

MILLET (Jean-François)

299 — *Chemin dans la Montagne.*

Signé à droite, en bas, des initiales : *J.-F. M.*
Aquarelle sur papier Ingres (rose).

Haut., 11 cent.; larg., 19 cent.

PILS (Isidore)

300 — *Le Canonnier.*

Signé à droite, en bas, du timbre de la vente.
Aquarelle sur papier crème.

Haut., 21 cent.; larg., 25 cent.

RICARD (Louis-Gustave)

301 — *Le Christ au tombeau.*

Le Christ vient d'être détaché de la croix ; deux hommes
le portent ; un troisième étend sous lui un linceul, dont il
relève le bord. Au fond, les Saintes Femmes, voilées, pleurent
silencieusement.
Derrière le Christ, un ange apparaît, les ailes éployées.
Signé à droite, en haut : *1842, Ricard.*
Aquarelle

Haut., 12 cent. 1 2 ; larg., 16 cent. 1 2.

ROUSSEAU (Théodore)

302 — *Étang dans la forêt.*

Signé à droite, en bas, du timbre de la vente.
Lavis d'encre de Chine.

Haut., 18 cent. 1 2 ; larg., 25 cent. 1 2.

ROUSSEAU (Théodore)

303 — *Fin d'automne.*

A droite, en bas, le timbre de la vente.
Aquarelle sur papier maïs.

Haut., 9 cent. 1 2; larg., 15 cent. 1 2.

304 — *La Plaine au soleil.*

A droite, en bas, le timbre de la vente.
Aquarelle sur papier mastic.

Haut., 10 cent.; larg., 16 cent.

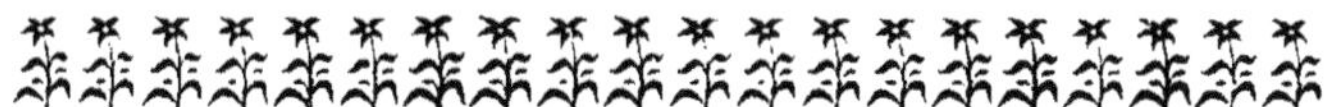

PASTELS

CALS (Adolphe-Félix)

305 — *Tête de femme.*

De trois quarts à gauche, la tête coiffée d'un madras marron
et légèrement penchée en avant. Pèlerine noire, col blanc, fichu
bordé de bleu.

Daté à droite : *8bre 1835.*

En bas, à gauche, le timbre de la vente.

Pastel, sur papier maïs vergé.

Haut., 19 cent. ; larg., 21 cent.

MILLET (Jean-François)

306 — *Le Puy de Dôme.*

Dans la montagne, des pentes douces, qui sont coupées parfois de déchirures abruptes.

A droite, sur l'herbe maigre, une paysanne est assise, les
jambes allongées : elle a posé près d'elle son bâton et elle tricote, de ses deux mains laborieuses ; elle est vêtue d'un corsage
et d'une robe bleus ; mais devant la robe, elle a noué un tablier
blanc, et sur le corsage, elle a noué un fichu rose. Elle est
coiffée d'un chapeau de paille, qui s'est bruni au soleil et à
la pluie.

A gauche, à quelque distance d'elle, ses trois chèvres paissent : celle qui est la plus éloignée est couchée au revers de la
pente.

Au fond, le Puy de Dôme, la cime dans les nuages.

Le ciel est bleu, avec les chaudes tonalités du soleil d'été.

Signé à droite, en bas : *J.-F. Millet.*

Pastel.

Haut., 45 cent. 1 2 ; larg., 54 cent. 1 2.

Exposition à l'École des Beaux-Arts, 1887, n° 84.

Exposition centennale de l'Art français, 1881.

MILLET (Jean-François)

307 — *La Gardeuse de moutons (Ébauche).*

Au-devant de son troupeau de moutons, qui va lentement paissant, la bergère, vue presque de face, tricote.

Elle est vêtue d'une robe bleue, cachée en partie par sa cape jaune.

Première pensée du tableau : *La Bergère*, ayant appartenu à M. Van Praet, et faisant actuellement partie de la collection Chauchard. La seule variante à la composition définitive est le bâton tenu par la bergère.

Dessin rehaussé de couleur, sur papier gris.

A droite, en bas, cachet de la vente.

Haut., 64 cent. 1/2 ; larg., 86 cent. 1/2

308 — *Mère allaitant son enfant.*

A gauche, en bas, le timbre de la vente.
Pastel et fusain, sur papier gris.

Haut., 24 cent. 1/2 ; larg., 20 cent. 1/2.

ROUSSEAU (Théodore)

309 — *Au bord de l'Étang.*

A gauche, au haut d'un tertre, trois arbres aux frondaisons touffues dominent l'étang, dont la nappe claire réfléchit les bouquets de peupliers qui sont plantés à droite et à gauche au fond.

A l'ombre des arbres, une figure est assise.

A droite, dans le pré, l'étang déverse un étroit ruisseau, dont l'eau stagne en quelques élargissements.

Le ciel bleu est tout irradiant de lumière.

Signé à gauche, en bas.

Pastel.

Haut., 16 cent. 1/2 ; larg., 21 cent.

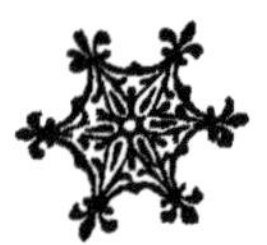

DESSINS

BARYE (Antonin-Louis)

310 — *Panthère.*

Accroupie, les griffes tendues, la gueule ouverte et glapissant.

Signé à droite, en bas, du cachet de la vente.
Dessin rehaussé de lavis, sur papier maïs.

Haut., 19 cent.; larg., 33 cent.

DANS UN MÊME CADRE :

311 — 1° *Lion courant.* — 2° *Lionnes couchées.*
3° *Lion flairant une proie.*

A droite, en bas, le timbre de la vente.
Dessins au crayon sur papier mastic, et papier végétal.

Haut., 10 cent., 12 cent. 1/2, 9 cent. 1/2.
Larg., 20 cent., 20 cent., 20 cent.

DANS UN MÊME CADRE :

312 — 1° *Tigre dévorant une proie.* — 2° *Lions couchés.*
3° *Lion couché sur le dos.*

En bas, le timbre de la vente.
Dessins au crayon sur papier végétal.

Haut., 7 cent., 10 cent. 1/2, 11 cent. 1/2.
Larg., 25 cent., 28 cent., 25 cent.

DANS UN MÊME CADRE :

313 — 1° *Lion couché.* — 2° *Lion furieux et marchant.*

En bas, le timbre de la vente.
Dessins au crayon sur papier végétal.

Haut., 15 cent., 17 cent.
Larg., 21 cent., 25 cent. 1/2.

BARYE (Antonin-Louis)

DANS UM MÊME CADRE, SIX DESSINS :

314 — *Aigle, Lionne dévorant une proie, Tête de lion, Tigre et Lion, sur divers papiers.*

Chacun de ces dessins porte, en bas, le timbre de la vente.

DANS UN MÊME CADRE :

315 — *Lionne et Cerf combattant.*

A droite en bas, le timbre de la vente.
Dessins au crayon, sur papier blanc, vergé.

Haut., 23 cent., 23 cent.
Larg., 19 cent. 1/2, 18 cent.

DANS UN MÊME CADRE :

316 — 1º *Lionceau dormant.*

2º *Lionne terrassant un cheval — 3º Études d'animaux.*

A droite, en bas, le timbre de la vente.
Dessins au crayon sur papier blanc et crème.

Haut., 9 cent., 13 cent., 13 cent.
Larg., 15 cent., 20 cent., 20 cent.

DANS UN MÊME CADRE :

317 — 2º *Tigre dormant. — 2º Tête de lion*
3º *Éléphant fuyant. — 4º Lion couché. — 5º Tête de lion.*

Dessins au crayon et à la plume sur papier mastic et papier végétal.
En bas, le timbre de la vente.

DANS UN MÊME CADRE :

318 — 1º *Jeune veau mugissant. — 2º Combat de fauves.*

A gauche, en bas, le timbre de la vente.
Dessins au crayon, sur papier crème et mastic.

Haut., 16 cent. 1/2, 18 cent. 1/2.
Larg., 23 cent. 1/2, 23 cent. 1/2.

BARYE (Antonin-Louis)

DANS UN MÊME CADRE :

319 — 1° *Tigre couché.* — 2° *Tigre assis.*

A gauche, en bas, le timbre de la vente.
Dessins au crayon sur papier mastic.

Haut., 19 cent., 10 cent.
Larg., 10 cent. 1/2, 9 cent. 1/2.

DANS UN MÊME CADRE :

320 — *Cerf et Chevreuil.*

De profil à gauche.
A gauche, en bas, le timbre de la vente.
Dessins au crayon sur papier gris et chamois.

Haut., 14 cent., 11 cent. 1/2.
Larg., 18 cent., 18 cent.

DANS UN MÊME CADRE, SIX DESSINS :

321 — *Lionne, Cerf, Chèvre, Lion, Tigre.*

A la mine de plomb, au crayon, à la plume et à l'aquarelle,
sur divers papiers.
En bas de chacun, le timbre de la vente.

322 — *Études de lions, de profil.*

A droite, en bas, le timbre de la vente.
Dessin au crayon et à la mine de plomb sur papier crème.

Haut., 21 cent. ; larg., 29 cent. 1/2.

DANS UN MÊME CADRE :

323 — 1° *L'agonie.* — 2° *Cerf bramant.*

Dessins au crayon sur papier végétal.
A droite, en bas, le timbre de la vente.

Haut., 15 cent. 1/2, 18 cent.
Larg., 24 cent., 24 cent.

324 — *Un Cerf.*

Vu de profil à droite, marchant dans une campagne décou-
verte.
A droite, en bas, le timbre de la vente.
Dessin à la mine de plomb sur papier mastic.

Haut., 11 cent.; larg., 18 cent.

BARYE (Antonin-Louis

DANS UN MÊME CADRE :

325 — 1° *Lion couché.*

L'arrière-train sur le flanc, la tête relevée et calme, tournée de face.

A droite, en bas, le timbre de la vente Barye.
Dessin au crayon sur papier blanc.

Haut., 11 cent. 1/2 : larg., 22 cent. 1/2.

2° *Lion furieux.*

L'arrière-train affaissé, l'œil torve, la gueule mordant le haut de la patte, la tête tournée de face.

A gauche, en bas, le timbre de la vente Barye.
Dessin au crayon sur papier jaune.

Haut., 11 cent. 1/2 ; larg., 22 cent.

3° *Lion au repos.*

Couché, de profil à droite, la tête calme et fière, la patte droite de devant repliée.

A gauche, en bas, le timbre de la vente Barye.
Dessin au crayon, avec quelques reprises de sanguine, sur papier blanc.

Haut., 10 cent. 1/2 ; larg., 22 cent.

326 — *Étude de cheval.*

De profil à gauche, la jambe gauche de devant relevée.
A droite, en bas, le timbre de la vente.
Dessin au crayon sur papier végétal.

Haut., 32 cent.; larg., 43 cent.

DANS UN MÊME CADRE :

327 — 1° *Tigre couché.*

Le corps à gauche, la tête relevée, la patte gauche de devant allongée.

A droite, en bas, le timbre de la vente Barye (mis à l'envers).
Dessin au crayon noir sur papier calque.

Haut., 7 cent. ; larg., 15 cent. 1/2.

2° *Tigre royal guettant une proie.*

A droite, en bas, le timbre de la vente Barye.
Dessin au crayon sur papier calque.

Haut., 8 cent. ; larg., 15 cent. 1/2.

BARYE (Antonin-Louis)

3° *Deux chevaux morts.*

A droite, en haut, le timbre de la vente Barye.
Dessin au crayon sur papier crème.

> Haut., 7 cent. ; large, 17 cent.

4° *Tigre couché.*

A gauche, en bas, le timbre de la vente Barye.
Dessin au crayon sur papier crème.

> Haut., 6 cent. ; larg., 15 cent. 1/2.

DANS UN MÊME CADRE :

328 — 1° *Lion dévorant un crocodile.*

A droite, vers le bas, le timbre de la vente Barye.
Dessin au crayon sur papier blanc.

> Haut., 10 cent. 1/2 ; larg., 17 cent.

2° *Lionne dévorant une proie.*

A droite, en bas, le timbre de la vente Barye.
Dessin au crayon sur papier blanc vergé.

> Haut., 10 cent., larg., 15 cent.

3° *Lionne au repos.*

A gauche, en bas, le timbre de la vente Barye.
Croquis au crayon sur papier crème.

> Haut., 9 cent. 1/2 ; larg., 17 cent.

DANS UN MÊME CADRE :

329 — 1° *Tigre royal.*

Couché, l'arrière-train en raccourci, la tête attentive,
appuyée sur la patte gauche de devant.
A gauche, en bas, le timbre de la vente Barye.
Dessin au crayon sur papier blanc.

> Haut., 11 cent. 1/2 ; larg., 22 cent.

2° *Lionne couchée.*

Le corps est couché, la partie antérieure du corps se
relève, la tête se tourne vers la gauche.
A gauche, en bas, le timbre de la vente Barye.
Dessin au crayon sur papier maïs.

> Haut., 12 cent. ; larg., 22 cent. 1/2.

3° *Lion couché sur le dos.*

A droite, en bas, le timbre de la vente Barye.
Dessin au crayon sur papier crème.

> Haut., 11 cent. ; larg., 22 cent. 1/2.

BARYE (Antonin-Louis)

Dans un même cadre :

330 — 1° *Lion courant.*

Vu de profil à gauche, la gueule ouverte.
A droite, en bas, le timbre de la vente Barye.
Dessin au crayon sur papier crème.

Haut., 13 cent. 1/2 ; larg., 25 cent.

2° *Lionne courant.*

De profil à gauche, la gueule ouverte ; l'attitude de la patte de devant, relevée, indiquerait un brusque temps d'arrêt.
A droite, vers le haut, le timbre de la vente Barye.
Dessin au crayon sur papier crème.

Haut., 14 cent. 1/2 ; larg., 20 cent. 1/2.

CALS (Adolphe-Félix)

331 — *Tête de femme.*

Une jeune femme, de trois quarts à droite, décolletée, un bijou retenu au cou par un étroit ruban de velours noir.
Elle est coiffée d'un petit bonnet, posé légèrement sur des cheveux blonds dénoués et ondulés.
Signé à droite, en haut : *Cals, 1878.*
Dessin au crayon, sur papier maïs, rehaussé de blanc.

Haut., 37 cent. ; larg., 30 cent.

332 — *L'heureuse Mère.*

Une jeune femme, vue de trois quarts à droite, incline avec tendresse le front vers son enfant qu'elle allaite.
A gauche, un guéridon sur lequel est posée une tasse où plonge une cuiller.
A droite, au mur, un bénitier et un rameau de buis.
Signé à droite, en haut : *Cals, 1880.*
Dessin au crayon sur papier mastic, avec quelques rehauts de blanc.

Haut., 30 cent. ; larg., 24 cent. 1/2.

CALS (Adolphe-Félix)

333 — *Vieille femme.*

Près de sa fenêtre mi-ouverte, à l'abri du soleil, une vieille femme est assise, de profil, la tête tournée vers l'épaule gauche.

Elle est coiffée d'un haut bonnet et vêtue d'une jupe, d'un gros caraco et d'un châle. Les mains sont croisées l'une sur l'autre.

Devant elle, une table, sur laquelle est déposé son tricot.

Signé à droite, en bas : *Cals, 1878.*

Dessin au crayon sur papier jaune, avec quelques rehauts de blanc.

> Haut., 21 cent. ; larg., 17 cent. 1/2.

334 — *L'Atre.*

A gauche, vue de profil perdu, une paysanne assise, le haut du corps penché en avant vers l'âtre. Elle est coiffée d'un fichu blanc et vêtue d'un caraco et d'une jupe.

Devant elle, sa fille, agenouillée devant l'âtre, et vue de dos, attise le feu.

A droite, un chat se frotte la tête contre le sol.

Signé à gauche, en haut : *Cals, 1878.*

Dessin au crayon, rehaussé de blanc, sur papier chamois.

> Haut., 15 cent. 1/2 ; larg., 23 cent. 1/2.

335 — *L'heureuse Mère.*

Elle est assise dans le bois, sur la mousse, et allaite son dernier-né, que son regard contemple avec tendresse. Près d'elle, sa fillette adresse des signes affectueux à ses petits frères qui jouent à quelque distance.

Dans les branches, le soleil met de la lumière et le printemps de la gaîté.

Dessin au crayon sur papier gris, avec quelques rehauts de blanc.

Signé à gauche, en bas : *1878.*

> Haut., 25 cent. ; larg., 30 cent

> *Vente Cals, 1878.*

> *Vente Hadengue, 1879.*

336 — *La Ferme au soleil couchant.*

Signé à gauche, en bas : *1870.*

Fusain sur papier maïs, avec quelques rehauts de blanc.

> Haut., 12 cent. ; larg., 23 cent.

CALS (Adolphe-Félix)

337 — *Buveur de cidre.*

Assis à une table, dans une prairie ; vu de face ; devant lui, un verre, une cruche et une pipe.
Signé à gauche, en bas : *Cals, 1872.*
Dessin au crayon sur papier gris, rehaussé de blanc.

Haut., 22 cent. ; larg., 19 cent. 1/2.

338 — *Repas frugal*

(*Honfleur, à Saint-Siméon, 1875*).

Près de la ferme, au soleil, le paysan vu de dos est attablé ; devant lui, de l'autre côté de la table, une paysanne vient de lui apporter une cruche et du pain.
Au fond, des arbres, puis, à l'horizon, la mer.
Dessin au crayon, sur papier blanc.
Signé à gauche, en bas : *1875.*

Haut., 20 cent. ; larg., 24 cent.

Vente du 26 janvier 1876. (Non porté au catalogue.)

DANS UN MÊME CADRE :

339 — *Trois paysages d'Orrouy.*

Datés : *1859, 1861.*
Dessins à la plume sur papier blanc uni et vergé.
Timbre de la vente.

Haut., 9 cent. 1/2, 13 cent. 1/2, 12 cent.
Larg., 16 cent., 10 cent. 1/2, 17 cent. 1/2.

DANS UN MÊME CADRE :

340 — 1º *Source de la Bièvre (8 mai 1858).*
2º *Fontenay (2 7bre 1858).*

Dessins à la plume sur papier blanc.
Timbre de la vente.

DANS UN MÊME CADRE :

341 — 1º *Paysanne assise, près de la porte ouverte.*
2º *En famille.*

A gauche, en bas, le timbre de la vente.
Dessins à la plume et lavis sur papier blanc et rosé.

Haut., 12 cent., 12 cent.
Larg. 9 cent. 1/2, 15 cent. 1/2

CALS (Adolphe-Félix)

DANS UN MÊME CADRE :

342 — 1° *La Rue des Matelots, au Pollet (7bre 1862).*

2° *Rue du Ravelin, au Pollet (12 7bre 1862).*

En bas, le timbre de la vente.
Dessins à la plume sur papier rosé.

> Haut., 13 cent., 14 cent.
> Larg., 19 cent 1/2, 21 cent. 1/2.

DANS UN MÊME CADRE :

343 — 1° *Autour du foyer (3 X^{bre} 64).*

2° *Dans la maison Baudequin (8 août 59).*

Dessins à la plume sur papier crème et chamois.
Timbre de la vente.

> Haut., 12 cent. 1/2, 18 cent.
> Larg., 13 cent. 1/2, 14 cent.

COROT (Camille)

344 — *Les Sorcières de Macbeth.*

Première idée du tableau célèbre qui fait partie de la collection Richard Wallace.

A gauche, en contre-bas du bois où le drame se poursuit, les trois sorcières marchent, le bras gesticulant, sous le ciel tragique.

Signé à droite, en bas.
Dessin au crayon sur papier mastic.

> Haut., 15 cent. ; larg., 21 cent.

345 — *La Route.*

Une route, bordée à droite et à gauche de constructions de bois. Plus loin, au fond, les constructions font place à une allée d'arbres.

A droite, en bas, le timbre de la vente.
Dessins à la mine de plomb sur papier chamois.

> Haut., 15 cent.; larg., 24 cent.

346 — *Dans la Forêt.*

A gauche, un massif d'arbres ; à droite, de l'autre côté d'un arbre, une figure assise.

Au fond, à travers l'écartement des branches et l'arête d'un talus, le ciel profond et clair.

Signé à droite, en bas.
Fusain.

> Haut., 46 cent. 1/2 ; larg., 33 cent.

COROT (Camille)

347 — *Saint-Sébastien.*

Il est attaché à l'arbre, les épaules percées de flèches ; les Saintes Femmes sont près de lui, le détachent et retirent les flèches de ses plaies ; à gauche un ange descend du ciel, lui apportant la palme et la couronne du martyre.

A gauche, en bas, le timbre de la vente.

Dessin au crayon sur papier mastic.

Haut., 48 cent. ; larg., 29 cent. 1/2.

348 — *Matin au bord d'un étang.*

A droite, au-devant d'une colline, un bouquet d'arbres feuillus ; à gauche, l'étang où un passeur est en train de manœuvrer sa barque.

A gauche, en bas, le timbre de la vente.

Dessin au crayon, sur papier Ingres gris.

Haut., 23 cent. 1/2 ; larg., 44 cent. 1/2.

349 — *Jeune Femme assise dans une vallée.*

A droite, dominant une pente, un massif d'arbres. Au fond, sous les branches, le ciel ensoleillé.

Dessin au crayon, de forme ovale, sur papier crème.

Haut., 27 cent. ; larg., 21 cent.

350 — *Effet du soir.*

Un chemin qui passe au bas d'une pente, que domine un massif d'arbres, à droite.

Ciel que traversent de grands nuages de lumière.

Signé à gauche, en bas.

Fusain sur papier maïs.

Haut., 24 cent. ; larg., 31 cent.

351 — *Mare sous bois.*

Dans la profondeur du bois, une nymphe, après le bain, écoute chanter la source.

Signé à gauche, en bas : *Corot.*

Dessin au crayon sur papier Ingres rosé.

Haut., 30 cent. ; larg., 23 cent.

COROT (Camille)

352 — *Lac au milieu du bois.*

Dans l'eau, pleine de reflets, les grands arbres du bord semblent plonger ; le ciel est animé de grands nuages.
Signé à droite, en bas, du timbre de la vente.
Dessin au crayon sur papier Ingres mastic.

> Haut., 29 cent. ; larg,, 45 cent.

353 — *Jeune femme allaitant son enfant.*
Tête de jeune fille.
Jeune femme debout en costume de théâtre.

Trois dessins au crayon sur papier blanc.
A droite, en bas de chacun, le timbre de la vente Corot.

> Haut., 15 cent., 10 cent. 1/2, 14 cent. 1 2.
> Larg., 9 cent. 1/2, 11 cent., 10 cent.

354 — *Canards et poules.*

Une feuille d'étude, sur laquelle sont dispersés des canards, des poules et des poussins.
A droite, en bas, le timbre de la vente.
Dessin à la mine de plomb sur papier blanc.

> Haut., 18 cent. ; larg., 29 cent.

355 — *Vache paissant.*

A gauche, sur une pente douce, de grands arbres où passe le frisson de la bise matinale.
A droite, au fond, dans l'écartement des branches, un étang.
Au milieu, au premier plan, une vache, de profil à droite.
Signé à gauche, en bas.
Dessin sur papier havane clair.

> Haut., 23 cent. ; larg., 31 cent.

356 — *Au bord de l'Étang.*

Au bord de l'étang, à l'ombre de grands arbres, deux figures sont assises et causent, vues de dos.
A gauche, en bas, le timbre de la vente.
Dessin au lavis de sépia sur papier maïs.

> Haut., 7 cent, ; larg., 15 cent.

COROT (Camille)

357 — *Dans la vallée.*

Au penchant d'une colline, un bouquet de grands arbres, à droite ; un petit bois à gauche ; au fond, un lac entouré d'une forêt.

Au ciel, de grands nuages gris.

Signé à gauche, en bas.

Dessin au crayon, rehaussé de blanc, sur papier maïs.

> Haut., 28 cent. 1/2: larg., 43 cent. 1/2.

358 — *Arabe en prière.*

De profil à gauche, il est agenouillé, la tête inclinée, les mains jointes, dans une attitude de profond recueillement.

Signé à gauche, en bas, du cachet de la vente posthume du maître.

Dessin au crayon sur papier crème.

> Haut., 31 cent.; larg., 40 cent.

359 — *Rome (1827).*

Une ruelle : à droite, au coin d'une terrasse, une statue assise. Au fond, une église.

Daté à droite, en bas : *Rome, 8bre 1827.*

Signé à gauche, en bas, du timbre de la vente.

Sépia, sur papier blanc, nombreuses traces de piqûres.

> Haut., 36 cent.; larg., 27 cent.

360 — *Un Bouquet d'arbres au bord d'un étang.*

A gauche, en bas, le timbre de la vente.

Dessin au crayon sur papier crème.

> Haut.. 23 cent.; larg., 35 cent.

361 — *Étude du bois pour une nymphée.*

Dessin au fusain sur papier maïs.

> Haut., 43 cent.; larg., 29 cent.

COROT (Camille)

362 — *Le Baptême de Jésus, par saint Jean-Baptiste.*

Esquisse d'ensemble de la peinture murale qui se trouve dans la chapelle du baptistère de l'église Saint-Nicolas-du-Chardonnet, à Paris.

Dessin au lavis d'encre de Chine sur papier mastic.

A gauche, en bas, le timbre de la vente Corot.

Haut., 47 cent.; larg., 34 cent.

363 — *Petit Château au bord d'une rivière.*

A droite, en bas, le timbre de la vente Corot.
Dessin à la mine de plomb sur papier crème.

Haut., 21 cent. 1/2; larg., 26 cent. 1/2.

364 — *Au pied de la Croix.*

A gauche, en bas, le timbre de la vente Corot.
Dessin au crayon, sur papier blanc vergé.

Haut., 29 cent. 1/2 ; larg., 20 cent. 1/2.

365 — *Pont et Château Saint-Ange, à Rome.*

A gauche, en bas, le timbre de la vente Corot.
Dessin au crayon sur papier gris.

Haut., 31 cent. ; larg., 44 cent. 1/2.

366 — *Rome.*

A gauche, en bas, le timbre de la vente Corot.
Dessin à la mine de plomb sur papier chamois.

Haut., 20 cent. ; larg., 37 cent.

367 — *Église de Saint-Jean-Saint-Paul (1827).*

A gauche, en bas, le timbre de la vente Corot.
Dessin à la mine de plomb sur Hollande vergé.

Haut., 22 cent. 1/2 ; larg., 36 cent.

368 — *Étude d'architecture ogivale.*

A gauche, en bas, le timbre de la vente Corot.
Dessin à la mine de plomb, sur papier crème.

Haut., 28 cent.; larg., 22 cent.

COROT (Camille)

369 — *Une Cathédrale.*

A droite, en bas, le timbre de la vente.
Dessin à la mine de plomb sur papier maïs.

Haut., 26 cent. 1/2; larg., 18 cent. 1/2.

DAUMIER (Honoré)

370 — *Buveurs de bière.*

Dans un bouchon de banlieue, ils se sont arrêtés; à gauche, l'un des buveurs, vu de dos, est assis et appuie par des gestes ce qu'il dit à son compagnon; de l'autre côté de la table, l'autre lit un journal et n'écoute que d'une oreille distraite; à droite, debout, un troisième personnage est tout entier au plaisir d'allumer sa pipe.

Sur la table, trois bocks et un chapeau haut de forme.
Signé à gauche, en bas : *H. D.*
Dessin à la plume, rehaussé de lavis (encre de Chine et bleu).

Haut., 37 cent. ; larg., 28 cent.

371 — *L'heureuse rencontre.*

Tous deux, le chapeau à la main, le rire aux lèvres et échangeant une poignée de main.
Signé à droite, en bas : *H. D.*
Dessin au crayon, rehaussé de blanc, sur papier havane foncé.

Haut., 24 cent.; larg., 17 cent. 1/2.

372 — *Don Quichotte.*

Le brave chevalier marche devant, la lance au poing; il est suivi de Sancho, sur son âne.
Dessin au crayon. avec quelques touches de craie, sur papier gris.

Haut., 27 cent.; larg., 40 cent.

373 — *Confidence.*

(De la série des *Robert Macaire*.)

L'un très gros, solennel; l'autre, en face de lui, étique.
Signé en bas, à gauche : *H. D.*
Sépia sur papier crème.

Haut., 27 cent.; larg., 21 cent. 1/2.

DAUMIER (Honoré)

374 — *Colombine entre Pierrot et Arlequin.*

Signé à gauche, en bas : *H. D.*
Dessin à la plume sur papier crème vergé.

Haut. 11 cent.; 1/2 larg., 10 cent.

375 — *Les Parisiens à la campagne.*

En bas, cette légende :
— *Ah ! la campagne ! Ah ! les vendanges ! Quel point de vue !*
Signé à droite, en bas : *H. D.*
Dessin au crayon sur papier maïs.

Haut., 16 cent. 1/2; larg., 23 cent.

376 — *Les Amateurs d'estampes.*

Fusain sur papier crème.

Haut., 32 cent.; larg., 23 cent. 1/2.

377 — *Deux hommes de loi.*

L'un est vu de profil à gauche, la figure ridée et grima-
çante, dans l'épaisseur des favoris.
Signé en bas, au milieu : *H. D.*
Dessin rehaussé de lavis d'encre de Chine sur papier blanc.

Haut., 25 cent.; larg., 20 cent.

378 — *La Parade.*

Sur les tréteaux, devant la foule attentive et bavarde, l'hercule et le jocrisse échangent des lazzi, pour la parade, aux rou-
lements crépitants d'un tambour infatigable.
Dessin à la sanguine sur vergé blanc. Quelques touches de
lavis dans le bas.

Haut., 38 cent.; larg., 28 cent.

379 — *Les deux Lutteurs.*

Ils se provoquent du regard, du nez, de la dent; tête contre
tête, chacun plein de mépris pour l'autre.
Signé à droite, en bas : *H. D.*
Dessin à la plume rehaussé de lavis sur papier blanc.

Haut., 22 cent. 1/2; larg., 23 cent. 1/2.

DAUMIER (Honoré)

380 — « *L'Ami d'un grand homme !* »

(De la série des *Philanthropes du jour*.)

Dessin au crayon sur papier mastic.
Signé à droite, en bas : *H. D.*

Haut., 24 cent.; larg., 18 cent.

381 — *Robert Macaire.*

(2ᵉ série, nᵒ 6.)

Au fond, à gauche, sur une porte, on lit : Cabinet de M. le Directeur ; à droite, sur une autre : Caisse. Les deux portes sont hermétiquement closes ; devant elles, deux personnages, au masque inquiétant, discutent de la situation difficile : l'un a un chapeau haute forme, l'autre est nu-tête. Voici la légende :

Robert. — *Eh bien, mon cher directeur, ton affaire marche-t-elle ?*

Bertrand. — *Ah ! très bien, très bien ! Je suis très content... Seulement, nous n'avons plus le sou, nous ne pouvons plus marcher. — Diable ! — Mais un capitaliste doit nous verser 200.000 francs : l'acte va se signer ce soir ou demain... Je suis très impatient ; j'ai le plus grand besoin d'une paire de bottes.*

Signé en bas : *H. D.*
Sépia sur papier crème.

Haut., 27 cent.; larg., 21 cent.

382 — « *Parisienne.* »

Au bas du dessin, cette légende :

— *Ça... un appartement de 800 francs ! Mais j'userais pour plus de 1.200 francs de chapeaux.*

Signé à droite, en bas : *H. D.*
Dessin au crayon sur papier mastic.

Haut., 19 cent.; larg., 22 cent.

383 — *Les Rieurs.*

Un groupe de six rieurs aux joues bouffies, aux bouches esclaffées.
Signé à gauche, en bas : *H. D.*
Dessin à la plume sur papier blanc vergé.

Haut., 12 cent. 1/2; larg., 19 cent.

DAUMIER (Honoré)

384 — *Avocats lisant un placet.*

Signé à gauche, en bas : *H. D.*
Dessin au crayon : les têtes et le haut des toges sont repris avec un lavis d'encre de Chine, de sépia et de bistre. Papier crème.

Haut., 23 cent.; larg., 10 cent. 1/2.

385 — *Étude d'homme.*

Expression de stupeur et de prière.
Signé à gauche, en bas: *H. D.*
Dessin à la plume sur papier crème.

Haut., 10 cent.; larg., 12 cent.

386 — *Tête d'homme grimaçant.*

Dessin à la plume et sépia sur papier blanc.

Haut., 12 cent. 1/2; larg., 10 cent. 1/2.

387 — *Étude de jeune femme.*

Signé à gauche, en bas: *H. D.*
Croquis à la plume sur papier blanc vergé.

Haut., 10 cent. 1/2; larg., 10 cent. 1/2.

388 — *Le Portrait d'après soi-même.*

Peintre, il a résolu de se portraire lui-même, afin de donner l'exemple de l'expression rare, et il grimace consciencieusement dans un miroir.
Signé à droite, en bas: *H. D.*
Lavis de sépia sur papier crème.

Haut., 28 cent.; larg., 21 cent.

389 — *Les Images.*

Quatre enfants, dont deux debout et deux accroupis sur le sol, sont en train de feuilleter un livre d'images.
Signé à gauche, en bas : *H. D.*
Lavis d'encre de Chine, sur papier blanc vergé.

Haut., 30 cent.; larg., 25 cent.

DAUMIER (Honoré)

DANS UN MÊME CADRE, TROIS DESSINS :

390 — 1° *Trois têtes de procéduriers.*

Signé à gauche, en bas : *H. D.*
Plume et lavis d'encre de Chine, sur vergé blanc.

Haut., 6 cent. ; larg., 9 cent. 1/2.

2° *Bénédiction.*

Signé à gauche, en bas : *H. D.*
Crayon et lavis d'encre de Chine sur vergé crème.

Haut., 11 cent, 1/2 ; larg., 15 cent.

3° *Amateurs d'estampes.*

Signé à droite, en bas : *H. D.*
Crayon sur vergé blanc.

Haut., 7 cent. 1/2 ; larg., 8 cent.

DANS UN MÊME CADRE, TROIS DESSINS :

391 — 1° *Un homme montrant un tableau.*

Signé à gauche, en bas : *H. D.*
Dessin au crayon rehaussé d'un lavis d'encre de Chine sur
papier blanc.

Haut., 11 cent. 1/2 ; larg., 9 cent.

2° *Dans la campagne : Paysan, Paysanne et Fillette*
cheminant la besace à l'épaule.

Signé à droite, en bas : *H. D.*
Dsssin à la plume, rehaussé d'un lavis d'encre de Chine,
sur papier vergé blanc.

Hant., 9 cent. 1/2 ; larg., 12 cent. 1/2.

3° *Une Vallée.*

Signé à gauche, en bas : *H. D.*
Lavis d'encre de Chine sur papier vergé blanc.

Haut., 8 cent. ; larg., 9 cent. 1/2.

DANS UN MÊME CADRE :

392 — 1° *Un vieux juge.* — 2° *Un rieur et un furieux.*

Signé à droite, en bas : *H. D.*

3° *Trois études de têtes.*

Dessins à la plume sur papier vergé.

Haut., 10 cent. 1/2, 10 cent. 1/2, 12 cent. 1/2.
Larg., 10 cent., 21 cent. 1/2, 15 cent.

DAUMIER (Honoré)

393 — *Jeune femme tenant son petit enfant par la main.*

Signé à gauche, en bas : *H. D.*
Dessin à la plume (encre bistrée), rehaussé d'un lavis d'encre de Chine, sur papier crème.

> Haut., 18 cent.; larg., 12 cent.

DANS UN MÊME CADRE, SEPT DESSINS :

394 — *Études de têtes, groupe, personnage couché.*
Le second de la première rangée est signé, à gauche, en bas : *D.*
Dessins à la plume, pour la plupart rehaussés de lavis.

DANS UN MÊME CADRE, DEUX FEUILLETS DE CROQUIS :

395 — *Têtes d'hommes.*

L'un des feuillets comporte cinq têtes rasées ; l'autre, trois têtes à barbes hirsutes.
L'un des feuillets est signé à gauche, en bas : *H. D.*
Dessins à la plume, rehaussés, sur l'un des feuillets, de sanguine ; dans l'autre, de lavis d'encre de Chine, sur papier blanc vergé.

> Haut., 5 cent., 7 cent.
> Larg., 8 cent. 1/2, 8 cent. 1/2.

SUR UN MÊME FEUILLET :

396 — D'un côté : *Un chanteur de cour, en train de hurler, tandis qu'il s'accompagne sur son violon.*

Dessin à la plume rehaussé de lavis d'encre de Chine.

De l'autre : *Un avocat en conversation émue avec son client : effet d'audience.*

Dessin à la plume sur papier blanc.

> Haut., 23 cent.; larg., 29 cent.

397 — *Trois études d'hommes, vus à mi-corps.*

Signé à droite, en bas : *H. D.*
Dessin au lavis d'encre de Chine sur papier blanc vergé.

> Haut., 13 cent. 1/2; larg., 10 cent. 1/2.

DECAMPS (Gabriel)

398 — *Dans les Rochers.*

Signé à gauche, en bas : *D. C.*
Dessin au crayon, rehaussé de pastel, sur papier Ingres.

Haut., 22 cent. 1/2 ; larg., 26 cent. 1/2.

399 — *Arabes.*

A droite, en bas, le monogramme : *P. B.*
Lavis de sépia sur papier mastic.

Haut., 20 cent.; larg., 16 cent. 1/2.

Vente P. Barbedienne.

400 — *Arabe.*

Signé à droite, en bas : *D. C.*
Dessin au crayon, sur papier blanc vergé.

Haut., 24 cent.; larg., 14 cent. 1/2.

DELACROIX (Eugène)

401 — *La Descente de Croix.*

A gauche, en bas, le timbre de la vente.
Desin au crayon sur papier crème.

Haut., 22 cent.; larg., 30 cent. 1/2.

402 — *Tigre couché sur le flanc gauche.*

Dessin à la plume sur papier blanc.

Haut., 9 cent.; larg., 17 cent. 1/2.

403 — *Lions.*

Deux études de lions, l'un marchant de face, l'autre assis
sur son arrière-train.
Dessin à la plume sur papier blanc vergé.

Haut., 13 cent.; larg., 23 cent. 1/2.

404 — *Études de têtes de Kabyles.*

A droite, en bas, le timbre de la vente.
Dessin à la mine de plomb sur papier mastic.

Haut., 22 cent.; larg., 29 cent.

DELACROIX (Eugène)

405 — *Têtes de Kabyles.*

En bas, à gauche, le timbre de la vente.
Dessin à la mine de plomb (l'un des croquis est rehaussé de blanc), sur papier maïs.

> Haut., 22 cent.; larg., 28 cent. 1/2.

406 — *Une femme, demi-nue, à demi couchée.*

Dessin à la plume sur papier blanc.

> Haut., 13 cent. 1/2 ; larg., 18 cent.

SUR UNE FEUILLE :

407 — Différentes études à la mine de plomb, d'après des gravures anciennes :

Jupiter assis, Femme endormie, Aigle, etc.

Daté au milieu, en bas : *Champrosay, mai 52.*
Signé à gauche, en bas, du monogramme de la vente :
E. D.
Dessin à la mine de plomb sur papier blanc.

> Haut., 23 cent. 1/2; larg., 34 cent.

FEUILLET DE DESSINS AU RECTO ET AU VERSO :

408 — Sur le recto : *la Soif du lion.*
Sur le verso : *des Études de torse.*

Dessins à la plume.
Signé en bas, à gauche, du monogramme de la vente :
E. D.

> Haut., 18 cent.; larg., 14 cent.

409 — *Lion et Tigre luttant.*

Le lion a le dessus : il domine son adversaire de toute sa force, majestueux ; il ne semble pas sentir les crocs du tigre qui s'enfoncent dans sa patte, tandis que ses griffes à lui déchirent le tigre aux épaules.
Dessin à la mine de plomb sur papier blanc.
Signé à droite, en bas, du monogramme de la vente :
E. D.

> Haut., 19 cent.; larg., 23 cent.

DELACROIX (Eugène)

410 — *Le Christ tombe pour la première fois.*

Il est écroulé sous la croix ; autour de lui, les miliciens le regardent ; sainte Véronique lui présente le mouchoir, où s'imprimera l'empreinte.

A droite, les deux larrons continuent leur montée du Calvaire, entre l'escorte qui les guide.

A droite, en bas, le timbre de la vente : *E. D.*
Dessin à la mine de plomb sur papier maïs.

Haut., 45 cent.; larg., 38 cent. 1/2.

Exposition Delacroix, à l'École des Beaux-Arts, 1885, n° 345.

411 — *Hercule et Diomède vaincu.*

Au dos, on lit cette annotation de la main du Comte Armand Doria :

« Hercule, après avoir vaincu Diomède, le fait dévorer par ses chevaux. — Diomède, roi des Bistorces, en Thrace, fils de Mars et de Cyrène, nourrissait ses chevaux de chair humaine. »

Signé à droite, en bas, du monogramme de la vente : *E. D.*
Dessin à la mine de plomb.

Haut., 26 cent.; larg., 33 cent.

412 — *Adélaïde donnant le poison au jeune page Frantz.*

Au dos, on lit cette annotation de la main du Comte Armand Doria :

« Voir Moreau, page 37, n° 27. Sauf le gant tombé à terre, toute la composition est tracée dans ce dessin. (*Gœtz de Berlichingen, dit Main-de-Fer,* drame de Gœthe.) »

Signé à gauche, en bas, des initiales : *E. D.*
Dessin au crayon sur papier blanc.

Haut., 24 cent,; larg., 18 cent.

443 — *Le Commerce.*

Figure décorative, vue de face et de dos, avec les attributs du Commerce et de l'Abondance.

Au milieu, en bas, le timbre de la vente.
Dessin à la plume, sur papier blanc vergé.

Haut., 18 cent.; larg., 12 cent. 1/2.

DELACROIX (Eugène)

414 — *Écoinçon pour un plafond.*

Signé en bas du monogramme de la vente : *E. D.*
Dessin à la mine de plomb sur papier crème (forme hexago-
nale, côtés inférieurs cintrés).

Haut., 21 cent.; larg., 28 cent.

415 — *Saint Jean et sainte Victoire dans la chapelle d'Eu.*

Dessin à la mine de plomb.
Provient de la vente de l'atelier du maître.

Haut., 38 cent.; larg., 9 cent. et 9 cent.

416 — *Un Inquisiteur.*

Il court, vêtu de la cagoule, la lourde épée au côté et
tenant sur l'épaule une torche allumée ; ses mains sont abritées
sous d'épais gantelets.
Dessin au lavis d'encre de Chine, sur papier gris.

Haut., 23 cent. 1/2 ; larg., 17 cent.

417 — *Mercure.*

Vu de face, debout, l'index de la main droite ramené près
des lèvres, le bras gauche porté en avant.
Dessin à la plume sur papier blanc.

Haut., 15 cent. ; larg., 7 cent.

418 — *Cinq croquis au crayon sur papier maïs.*

419 — *Un Apollon, un Guerrier, une Tête de cheval.*

Dessin à la plume sur papier blanc.
En bas, vers le milieu, le timbre de la vente.

Haut., 25 cent.; larg., 38 cent.

420 — *Le Chevalier.*

Dessin à la plume, avec quelques lavis d'encre de Chine,
sur papier maïs.
En bas, à droite, le timbre de la vente.

Haut., 18 cent. 1/2 ; larg., 25 cent. 1/2.

DELACROIX (Eugène)

421 — *Dessins d'après l'antique (six figures).*

Dessins à la plume, avec quelques lavis d'encre de Chine sur papier blanc.

En bas, le timbre de la vente.

Haut., 25 cent. ; larg., 36 cent.

422 — *Scène antique.*

Dessin à la mine de plomb sur papier maïs.
A droite, en bas, le timbre de la vente.

Haut., 42 cent. 1/2 ; larg., 33 cent. 1/2.

423 — *L'Adieu.*

A droite, en bas, le timbre de la vente.
Dessin à la mine de plomb, sur papier mastic.

Haut., 23 cent. 1/2 ; larg., 18 cent.

424 — *La Surprise.*

A droite, en bas, le timbre de la vente.
Dessin à la mine de plomb sur papier mastic.

Haut., 23 cent. 1/2 ; larg., 17 cent.

425 — *Bulgares.*

Neuf figures, hommes, femmes et enfants, vêtus de costumes bulgares.

En haut, cette date : *18 7bre 53*, et cette mention : *Bulgares.*

En bas, au milieu, le timbre de la vente : *E. D.*
Dessins à la plume sur papier blanc vergé.

Haut., 23 cent. : larg., 35 cent.

DIAZ (Narcisse)

426 — *Mare sous bois.*

Signé à gauche, en bas : *N. D.*
Dessin à la mine de plomb sur papier mastic.

Haut., 7 cent. 1/2 ; larg., 13 cent. 1/2.

DIAZ (NARCISSE)

427 — *Une Vallée.*

Dessin à la plume, sur papier blanc.

Haut., 15 cent.; larg., 21 cent.

428 — *Clairière en forêt.*

Dessin à la plume, sur papier blanc.
Signé à droite, au bas : *N. D.*

Haut. 19 cent,: larg.. 26 cent.

DE DREUX (ALFRED)

429 — *Un Cavalier.*

Un postillon à cheval, de profil à gauche, la plaque au bras gauche, la pipe à la bouche, le chapeau de cuir ciré sur l'oreille.
Dessin à la mine de plomb, sur papier crème.

Haut.. 26 cent.: larg.. 34 cent. 1 2.

FRANÇAIS (FRANÇOIS-LOUIS)

430 — *Arbres au bord d'une rivière.*

Fusain.

Haut., 52 cent.; larg .42 cent. 1/2.

FROMENTIN (EUGÈNE)

431 — *Arabe assis.*

Dessin au crayon, sur papier gris, rehaussé de blanc.
A droite, en bas, le timbre de la vente, n° 824.

Haut., 24 cent.: larg.. 18 cent.

432 — *Cavalier arabe, de trois quarts à gauche.*

A droite, en bas, le timbre de la vente Fromentin, n° 242.
Dessin à la mine de plomb, sur papier mastic.

Haut.. 26 cent.: larg.. 18 cent.

GOYA Y LUCIENTÈS

433 — " *Ceux qui fuient le travail finissent ainsi.* "

Dessin au lavis d'encre de Chine sur papier blanc vergé.

Vente du 3 avril 1877, n° 10.
(105 dessins de Goya.)

Haut., 26 cent. 1/2 , larg., 17 cent.

434 — Au recto : *El Avogado.*

Au verso : *Fiancée discrète et repentante se présente sous cette forme à ses parents.*

Dessin au lavis d'encre de Chine, sur papier blanc vergé.

N° 76 de la **vente** du 3 mars 1877.

Haut., 22 cent.; larg., 15 cent.

HÉREAU (Jules)

435 — *Le Chariot de foin.*

Autour de la voiture de foin, qu'un homme était en train de charger, les chevaux qui étaient au vert sont venus et tirent des dents sur les bottes d'herbes séchées.

A gauche, un bois.

Signé à gauche, en bas : *J . H., 58.*

Sépia et encre de Chine, sur papier blanc.

Haut., 19 cent.: larg., 29 cent.

INGRES (Jean-Auguste-Dominique)

436 — *Soldat grec supportant un blessé.*

Signé en bas, au milieu : *Ingres.*

Dessin à la mine de plomb sur papier blanc.

Haut., 18 cent.: larg., 9 cent.

JACQUE (Charles)

437 — *Poules, coq et canards.*

Signé à gauche, en bas.

Dessins à la plume et au lavis de sépia, sur papier crème.

Haut., 19 cent.; 1/2 ; larg., 30 cent.

JONGKIND (JOHANN)

438 — *Port de Honfleur.*

La sortie du port : à droite un bateau à deux mâts, puis quelques sloops à voiles et des barques que manœuvrent des marins, sur l'eau calme et miroitante.

Quelques nuages sur le ciel clair.

Signé en bas : *Jongkind.*

A l'envers du feuillet, un calque de cette composition, qui se trouve ainsi renversée.

Au bas, on lit cette note de Jongkind : *Sortie d'Honfleur, pour l'aqua-fortiste.*

Dessin de face, au lavis et sépia.

Dessin du verso, à la mine de plomb.

Haut., 22 cent.; larg., 27 cent.

439 — *Morlaix.*

Le long des quais, les maisons à l'architecture pittoresque ; à droite, le cours d'eau ; au fond, l'hôtel de ville.

Daté à droite, en bas : *Morlaix, 6 août 53.*

Dessin à la mine de plomb, sur papier blanc.

Haut., 23 cent. 1 2 ; larg., 33 cent.

440 — *Un canal en Hollande.*

Signé à droite, en bas.

Dessin rehaussé de lavis.

Haut., 16 cent. ; larg., 22 cent.

441 — *Un coin de petite ville.*

Signé à gauche, en bas.

Dessin rehaussé de lavis, sur papier vergé.

Haut., 13 cent. ; larg., 20 cent.

442 — *Bateaux à l'ancre dans un port.*

Signé à droite, en bas : *1862.*

Dessin au crayon, sur papier blanc vergé.

Haut., 20 cent. 1/2 ; larg., 30 cent. 1]2.

443 — *Rouen.*

Signé et daté à droite, en bas : *Jongkind, Rouen, 10 8bre 1862.*

Dessin au crayon sur papier blanc vergé ; traces de lavis dans le ciel.

Haut., 25 cent. 1 2 ; larg., 34 cent.

JONGKIND (Johann)

444 — *Petit canal.*

Signé à droite, en bas : *67.*
Dessin et lavis sur papier crème.

Haut., 17 cent. 1/2 ; larg., 27 cent.

445 — *Honfleur.*

A gauche, en bas, le timbre de la vente.
Dessin à la plume sur papier blanc.

Haut., 18 cent. 1/2 ; larg., 30 cent. 1/2.

446 — *La Baignade des chevaux, en Seine.*

A droite, en bas, le timbre de la vente.
Dessin au crayon, sur papier crème.

Haut., 15 cent. 1/2 ; larg., 20 cent.

447 — *Canal en Hollande.*

A gauche, en bas, le timbre de la vente.
Dessin au crayon sur papier blanc vergé.

Haut.. 25 cent. ; larg., 42 cent. 1/2.

448 — *Pantin.*

A droite, en bas, le timbre de la vente.
A gauche, en bas : *Pantin, 66.*
Dessin et lavis sur papier vergé blanc.

Haut., 14 cent. 1/2 ; larg., 38 cent.

449 — *Le Village.*

Signé à droite, en bas : *Jongkind.* Daté à gauche : *1856.*
Crayon et lavis sur papier blanc.

Haut., 18 cent. ; larg., 28 cent.

450 — *Anvers.*

Signé à droite, en bas : *Jongkind. Anvers, 8 8bre 1866.*
Dessin à l'encre de Chine sur papier blanc.

Haut., 30 cent. ; larg., 48 cent.

JONGKIND (Johann)

451 — *Canal, à Rotterdam.*

Signé à gauche, en bas : *Jongkind.*
Daté à droite, en bas : *Rotterdam, mars 63.*
Crayon et lavis sur papier blanc vergé.

Haut.. 25 cent.; larg., 37 cent.

452 — *Sloop de pêche, à Rotterdam.*

A droite, en bas, le timbre de la vente.
Dessin au crayon sur papier blanc.

Haut., 18 cent. 1/2 ; larg., 28 cent.

453 — *L'Escaut à Anvers.*

Signé à droite, en bas : *Antwerpen, sept. 1866. Jongkind.*
Dessin lavis d'encre de Chine et aquarelle, sur papier blanc.

Haut., 30 cent. : larg., 53 cent. 1/2.

MICHEL

454 — *Cour de ferme.*

A gauche, la ferme, dont la porte est grande ouverte ; à droite de la porte, deux arbres.

Au premier plan, près d'une brouette et de plusieurs paniers, une fermière s'occupe de ses canards et de ses chèvres, dont elle est entourée.

Au fond, à gauche, d'autres chèvres et une fille de ferme.

Le ciel est envahi par une grande lumière, dont le reflet joue sur le sol, dans les flaques.

Dessin au crayon et au fusain, rehaussé de blanc, sur papier mastic.

Haut.. 39 cent.: larg.. 56 cent. 1/2.

MILLET (J.-F.)

455 — *Jeunes Bergères.*

Sur le revers d'un talus qui borde la route, à l'entrée d'un bois, à gauche, les deux bergères sont arrêtées et assises: l'une. vue de profil à droite, en bonnet blanc, les épaules garanties par sa cape brune, dont le capuchon est rabattu, s'occupe à à coudre; pour l'instant, elle est attentive, ainsi que sa compagne qui se détourne et st vue de dos, au mouvement de son troupeau de moutons, à droite, dans la plaine, qu'un chien noir, lancé au galop, rabat de leur côté.

A droite, contre le talus, le cabat et le bâton de la bergère. La première est éclairée par le plein soleil.

Signé à droite, en bas : *J.-F. Millet.*
Dessin au crayon sur papier crème.

Haut., 30 cent.; larg., 39 cent.

Exposition à l'École des Beaux-Arts, 1887, n° 178.

MILLET (J.-F.)

456 — *Rentrée des vaches.*

Le long du chemin qui suit la lisière du bois, à gauche, et qui dévale, à droite, d'une pente douce, un troupeau de vaches s'est engagé. Deux marchent en tête, d'un pas allongé ; une autre, derrière, s'écarte un peu du chemin, pour brouter ; puis trois autres suivent.

A droite, au haut de la pente, le vacher, à grands coups de trique, s'efforce de décider à marcher l'âne sur lequel il est monté. Derrière lui, un paysan, ses outils sur l'épaule, hâte le pas.

Dans le ciel clair, au-dessus de l'horizon, des nuages se sont amoncelés.

Signé à droite, en bas : *J.-F. M.*

Dessin au crayon et au fusain, sur papier mastic.

Haut., 39 cent.: larg., 54 cent.

Exposition à l'École des Beaux-Arts, 1887, n° 165.

457 — *Poursuivis par des Peaux-Rouges.*

Projet d'illustration pour un roman de Fenimore Cooper. L'indication en est donnée au dos.

Les trappeurs sont poursuivis par les Peaux-Rouges ; l'un d'eux, entraîné par le galop de son cheval, va s'écrouler dans un abîme.

Signé à gauche, en bas.

Dessin au crayon et fusain sur papier maïs, avec des rehauts de blanc.

Haut., 36 cent.; larg., 53 cent. 1 2.

Vente Pillet.

Exposition à l'École des Beaux-Arts, 1887, n° 173.

458 — *Un Grain.*

Sur la mer, deux bateaux de pêcheurs ballotés par le vent qui gonfle leurs voiles ; à l'horizon passent des bateaux à vapeur.

Le ciel est très chargé de nuages.

Fusain et crayon sur papier blanc.

Signé à droite, en bas.

Haut., 27 cent. 1 2 ; larg., 37 cent. 1 2.

Exposition à l'École des Beaux-Arts, 1887, n° 145.

459 — *Les Bêcheurs.*

Tous deux, dans le champ, s'efforcent au labeur quotidien ; ils sont vus de profil à droite.

Un oiseau se perd dans le ciel clair, à droite.

Au fond, un pli de terrain et un petit bois.

Signé à gauche, en bas, du monogramme de la vente : *J.-F. M.*

Dessin au crayon sur vergé blanc.

Haut., 19 cent.; larg., 24 cent.

MILLET (J.-F.)

460 — *Bergers causant.*

Ils sont arrêtés dans l'enclos et causent debout, tous trois :
deux à gauche, vus de dos ; le troisième, de profil, vêtu de sa
longue limousine, le chef coiffé d'un large feutre. D'un geste, il
indique l'horizon, le chemin du hameau, peut-être.

Près de lui un chien flaire ces compagnons du hasard. Au
haut d'un talus, à droite, un autre chien aboie, près d'un banc.

Signé à gauche, en bas, des initiales *J.-F. M.*

Dessin au crayon sur vergé blanc.

> Haut., 18 cent. 1 2; larg., 23 cent.

461 — *Les Glaneuses.*

Première idée du tableau : à gauche, deux glaneuses, le
torse penché vers le sol.

A droite, en arrière, une glaneuse qui s'éloigne, l'épaule
chargée d'une maigre moisson.

Au fond, un charriot chargé, attelé de quatre bœufs.

Signé à droite, en bas : *J.-F. M.*

Dessin au crayon sur papier crème.

> Haut., 28 cent.: larg., 42 cent. 1/2.

Exposition à l'École des Beaux-Arts, 1887, n° 139.

462 — *Bergère.*

C'est le matin, la bise souffle ; la bergère, debout, de profil,
les mains appuyées à son long bâton, se pelotonne sous sa cape
à capuchon. Devant elle, à gauche, son troupeau de moutons.

A droite, couché sur ses pattes, un chien noir.

A droite, en bas, le timbre de la vente.

Dessin au crayon sur papier gris.

> Haut., 17 cent. 1 2; larg.; 11 cent. 1 2.

Exposition à l'École des Beaux-Arts, 1887, n° 189.

463 — *Les Glaneuses.*

Idée définitive des *Glaneuses :* les trois femmes, dont deux
les mains tendues vers le sol, la troisième en train de nouer sa
gerbe.

Au fond, les meules et les attelages.

A droite, en bas, le timbre de la vente.

Dessin au crayon sur papier blanc.

> Haut., 19 cent.; larg.. 18 cent. 1 2.

464 — *Le Christ au Tombeau.*

A droite, en bas, le timbre de la vente.

Dessin au crayon sur papier crème.

> Haut., 13 cent.: larg., 11 cent.

MILLET (J.-F.)

465 — *L'homme à la houe.*

Première pensée; appuyé des deux mains sur le manche de sa houe, la tête penchée en avant.

Au fond, des arbres à gauche, un hameau à droite.

En bas, à gauche, le timbre de la vente.

Fusain sur papier gris.

Haut., 13 cent.: larg., 10 cent. 1 2.

466 — *Un Semeur.*

Il est vu de trois quarts à droite; il porte sur le bras gauche sa poche de semence et en jette à poignée de la main droite, d'un geste enveloppant.

A droite, en bas, le timbre de la vente.

Dessin au fusain, sur papier gris.

Haut., 23 cent,; larg.. 18 cent.

467 — *La Sieste.*

Tandis que les bêtes paissent, leurs gardiens, au pied d'un arbre, sont couchés et dorment,

A gauche, en bas, le timbre de la vente.

Dessin au crayon sur papier Ingres gris.

Haut., 10 cent.; larg.. 15 cent.

468 — *La Mort et le Bûcheron.*

A gauche, en bas, le timbre de la vente.

A droite, divers croquis pour le même sujet.

Dessin au fusain sur papier mastic.

Haut., 22 cent.: larg., 31 cent.

469 — *Mère et Enfant.*

A droite, en bas, le timbre de la vente.

Dessin au crayon sur papier blanc.

Haut., 20 cent. : larg.. 14 cent.

470 — *Le Blessé.*

Un corps écroulé sur le sol ; près de lui une femme s'emploie à le retenir, dans une attitude de douleur et de pité.

A gauche, en bas, le timbre de la vente.

Fusain sur papier mastic.

Haut.. 18 cent. ; larg.. 22 cent.

MILLET (J.-F.)

471 — *Le Moulin à eau.*

A droite, en bas, le timbre de la vente.
Dessin à la plume sur papier crème.

Haut., 13 cent. ; larg., 20 cent. 1/2.

472 — *Paysanne assise sur le sol.*

Signé à droite, en bas, des initiales : *J.-F. M.]*
Dessin au crayon sur papier chamois.

Haut., 12 cent.; larg., 16 cent. 1 2.

473 — *Faucheur.*

Vu de dos, le haut du corps penché en avant dans un mouvement violent pour ramener sa faux.
Signé à droite, en bas, du monogramme de la vente.
Dessin au fusain sur papier crème.

Haut., 29 cent. ; larg., 22 cent.

Exposition à l'École des Beaux-Arts, 1887, n° 170.

474 — *Une Bergère.*

Elle est assise à droite, vue de trois quarts, à l'ombre d'un buisson. A gauche, au soleil, ses brebis paissent sous la garde d'un chien, vu de profil à gauche.
A droite, en bas, le timbre de la vente.
Dessin au crayon sur papier maïs.

Haut., 37 cent. 1 2 ; larg., 26 cent. 1 2.

Exposition à l'École des Beaux-Arts, 1887, n° 193.

475 — *Berger.*

Peut-être une étude pour un *Enfant prodigue.*
Les bêtes sont à droite, couchées ou debout, sous la garde d'un chien noir.
Lui, le berger, écroulé sur le sol, ses sabots et son bâton près de lui, semble en proie à une mélancolie faite d'amers regrets et d'angoisse profonde.
Fusain sur papier crème.

Haut., 17 cent. 1 2; larg., 29 cent. 1 2.

Exposition à l'École des Beaux-Arts, 1887, n° 184.

476 — *L'Homme à la brouette.*

Vu de profil à gauche, il pousse sa brouette chargée.
Signé à gauche, en bas, du monogramme de la vente.
Dessin au crayon sur papier blanc.

Haut., 26 cent. ; larg., 21 cent. 1/2.

MILLET (J.-F.)

477 — *La Gardeuse d'oies.*

A gauche, en bas, le timbre de la vente.
Dessin au fusain et crayon sur papier gris.

Haut., 41 cent.; larg., 25 cent. 1/2.

478 — *Au pied de l'arbre.*

Deux paysans, arrêtés et assis sur la mousse, causent et se reposent ; l'un est vu de dos ; il a laissé ses sabots à gauche.
En bas, à droite, le timbre de la vente.
Dessin à la plume sur papier blanc.

Haut., 19 cent. : larg., 30 cent.

479 — *La Baigneuse.*

A droite, en bas, le timbre de la vente.
Dessin au crayon sur papier Ingres mastic.

Haut., 16 cent. ; larg., 18 cent.

480 — *Le Rouet.*

Signé à droite, en bas, du timbre de la vente.
Dessin au crayon sur papier gris.

Haut., 15 cent. ; larg., 9 cent. 1/2.

481 — *Travailleurs au repos.*

Dessin à la plume sur papier blanc.

Haut., 17 cent.; larg., 13 cent. 1/2.

482 — *Le premier pas.*

Signé à droite, en bas, du timbre de la vente.
Dessin au trait, à l'encre de Chine, sur papier blanc.

Haut., 13 cent. 1/2 ; larg., 23 cent. 1/2.

483 — *Le grain aux poules.*

Dessin au crayon sur papier crème.

Haut., 19 cent.; larg., 14 cent.

484 — *Gréville.*

A gauche, en bas, le timbre de la vente.
A droite, en bas, cette indication : *Gréville, 6 août 1871.*
Dessin au crayon, avec quelques rehauts de couleur, sur papier bleu.

Haut., 17 cent. 1/2 ; larg., 25 cent.

MILLET (J.-F.)

485 — *Batteur de blé.*

Vu de face, debout, le batteur, d'un geste énergique, manœuvre son fléau.

A droite, en bas, le timbre de la vente.
Dessin au crayon sur papier crème.

Haut., 25 cent,; larg., 17 cent.

486 — *Page de croquis.*

Une glaneuse, un âne, un homme près d'une échelle.
A droite, en bas, le timbre de la vente.
Dessin au crayon sur papier crème.

Haut., 18 cent. 1 2 ; larg., 15 cent. 1 2.

487 — *L'Enfant prodigue (Étude de mouvement).*

Trois figures, debout; l'une à droite, presque de face, la main gauche appuyée à un bâton; le bras droit s'est relevé près du front; les deux autres figures à gauche, l'une, vue de dos; l'autre, la tête tournée de face, le pied élevé, portant sur une marche.
Signé à gauche, en bas, du timbre de la vente.
Dessin au fusain sur papier gris.

Haut., 61 cent., larg., 47 cent.

488 — *Un Vanneur, le Grain aux poules ; Femme donnant une tranche de pain à sa fillette.*

Trois dessins au crayon sur papier crème et papier Ingres.
Le premier et le troisième ont, à gauche, en bas, le timbre de la vente.

Haut., 15 cent., 15 cent., 15 cent.
Larg., 8 cent. 1 2. 11 cent. 1 2. 8 cent.

489 — *Fagoteuses, Glaneuses, Arbres, etc.*

Cinq croquis au crayon et au lavis d'encre de Chine.
A droite, en bas, le timbre de la vente.

490 — *Bergère assise.*

A droite, en bas, le timbre de la vente.
Dessin à la plume sur papier crème.

Haut., 17 cent. 1/2: larg., 12 cent.

MILLET (J.-F.)

DANS UN MÊME CADRE :

491 — *Six petits dessins au crayon, sur divers papiers.*
Timbre de la vente.

SUR UN MÊME CARTON :

492 — *Six dessins au crayon, sur papiers divers*
(Études de figures).

Timbre de la vente.

SUR UN MÊME CARTON :

493 — *Six dessins au crayon, sur papiers divers*
(Études de figures et de paysage).

Timbre de la vente.

SUR UN MÊME CARTON :

494 — *Trois dessins au crayon et à la sanguine*
sur papiers divers.

Timbre de la vente.

SUR UN MÊME CARTON :

495 — 1º *Les Puiseuses d'eau.* — 2º *Les Bergères.*
3º *Les Premiers pas.*

Dessin au crayon sur papier gris et crème.
En bas, le timbre de la vente.

Haut., 13 cent.; 24 cent., 13 cent.
Larg., 10 cent., 21 cent., 10 cent.

DANS UN MÊME CADRE :

496 — *Quatre études de figures et de paysages.*

Dessin à la plume sur papier blanc.
Timbre de la vente.

497 — *La Leçon de couture.*

A droite, en bas, le timbre de la vente.
Dessin au crayon sur papier bleu.

Haut., 24 cent. 1 2 ; larg., 18 cent.

MILLET (J.-F.)

DANS UN MÊME CADRE :

498 — 1° *Une fileuse.*

2° *Paysanne faisant paitre ses vaches.*

A droite, en bas, le timbre de la vente.
Dessin au crayon sur papier blanc.

> Haut., 18 cent. 1/2, 12 cent. 1/2.
> Larg., 14 cent., 17 cent.

DANS UN MÊME CADRE :

499 — *Neuf dessins à la plume et au crayon*
sur papier blanc.

Le timbre de la vente.

500 — *Ferme de Grimesnil.*

A gauche, en bas, le timbre de la vente.
Dessin à la plume sur papier blanc.

> Haut., 25 cent. ; larg., 17 cent.

UN FEUILLET A DOUBLE FACE :

501 — Recto : *Un Vanneur.*

Verso : *Une étude du même vanneur.*

Dessin au crayon sur papier gris bleu.
> Haut., 25 cent. : larg., 18 cent. 1/2.

MONNIER (HENRY)

502 — *M. Joseph Prud'homme.*

Debout, en habit, de trois quarts à droite, les lunettes sur
le nez, le col large et empesé, l'air solennel, majestueux, la
lèvre prête aux aphorismes truculents.
Signé à droite, en bas : *Henry Monnier, 1865.*
Dessin à la mine de plomb sur papier crème.

> Haut., 23 cent. : larg., 14 cent. 1/2.

503 — *L'Homme au chapeau de côté.*

Lavis de sépia sur papier mastic.

> Haut., 24 cent. ; larg., 17 cent.

MONNIER (Henry)

504 — *Le Grincheux.*

Sépia sur papier maïs.

Haut., 15 cent.; larg., 10 cent.

505 — *Le Prédicateur en chaire.*

Dessin au crayon, rehaussé de blanc, sur papier maïs.

Haut., 19 cent.; larg., 14 cent. 1/2.

506 — *Desroseaux.*

Signé à droite, en bas : *1851. H. M.*
Dessin à la plume sur papier blanc.

Haut., 12 cent. 1 2 ; larg., 7 cent.

507 — *Léontine.*

Signé à gauche, en bas : *H. M., 1851.*
Dessin à la plume sur papier blanc.

Haut., 12 cent. 1 2 ; larg., 7 cent.

MONTJOYE (J.)

508 — *Ravel, du Palais-Royal, dans " Dragées de baptême ".*

Signé à droite, en bas.
Dessin à la plume, avec quelques lavis d'encre de Chine,
sur papier crème.

Haut., 19 cent.; larg., 14 cent. 1 2.

PILS (Isidore)

509 — *Zouave courant, vu de dos.*

Signé à droite, en bas, du timbre de la vente.
Dessin à l'encre de Chine, rehaussé de gouache, sur papier
gris.

Haut., 20 cent,, larg., 17 cent.

510 — *Clairon de zouaves.*

Signé à droite, en bas : *1861. J. Pils.*
Dessin au crayon, rehaussé de blanc, sur papier chamois

Haut., 32 cent. 1/2 ; larg., 21 cent.

RIBOT (Th.)

511 — *Deux jeunes filles*.

L'une a la tête tournée presque de face ; l'autre est vue de profil, le front incliné.

Signé à gauche, en haut : *1872*.

Lavis d'encre de Chine sur papier crème.

> Haut., 25 cent. 1 2 : larg.. 18 cent.

512 — *La Partie de cartes*.

Un jeune garçon, à genoux par terre, et deux fillettes assises sur le sol, font une partie de cartes.

Signé à droite, en haut : *F. Ribot*.

Dessin à la plume, rehaussé de lavis d'encre de Chine.

> Haut.. 16 cent. : larg.. 14 cent. 1 2.

513 — *Les Musiciens*.

C'est jour de liesse ; les musiciens s'offrent une fête, un charivari d'instruments de musique, dont ils usent avec plus de fracas que d'harmonie.

Signé à droite, en bas : *T. R.*

Dessin à la plume sur papier blanc.

> Haut.. 33 cent.: larg.. 27 cent.

ROUSSEAU (Th.)

514 — *L'Étang*.

A gauche, l'étang, où frissonnent les reflets du ciel nuageux, s'arrondit ; sur ses bords, les herbes le cèdent parfois à un bouquet de grands arbres.

A droite, au-dessus d'un pli de terrain, une entrée de bois ; au fond une maisonnette, aperçue parmi les branches.

Signé à droite, en bas : *Th. R.*

Dessin au crayon noir sur papier blanc.

> Haut., 28 cent.; larg., 44 cent. 1 2.

515 — *Colline au bord d'une rivière*.

Au bord de la rivière, dont un bateau descend le cours, une colline dresse sa masse parfois boisée, au sommet de laquelle des ruines découpent sur le ciel clair leur silhouette désolée.

A gauche, en bas, au pied de la colline, les maisons d'un hameau.

Signé à gauche, en bas, du monogramme : *Th. R.*

Dessin au crayon sur papier blanc.

> Haut., 27 cent. 1 2 ; larg.. 38 cent. 1/2

ROUSSEAU (Th.)

516 — *Le Clocher.*

Comme émergeant de la verdure, la ville étage ses constructions que l'église domine de son fin clocher.

A droite, un arbre, au bord de la route.

Signé à gauche, des initiales : *Th. R.*

Dessin à la mine de plomb sur papier maïs.

Haut., 24 cent.; larg., 35 cent.

517 — *Mare près d'une métairie, le soir, en Berry.*

Une mare, au bord de laquelle se dressent de grands arbres sous un ciel nuageux.

A gauche, en bas, le timbre de la vente.

Fusain rehaussé de blanc, sur papier maïs.

Haut., 14 cent.; larg., 21 cent.

Vente posthume de Th. Rousseau, n° 19.

518 — *A l'Orée du bois.*

A gauche, la campagne ; à droite, au haut d'une pente douce, un bois, dont les grands arbres ont repris leur vêture d'été.

A gauche, en bas, le timbre de la vente.

Dessin à la mine de plomb.

Haut., 21 cent.: larg., 28 cent.

519 — *La Ferme.*

Une place, bordée à droite par une ferme, à gauche par une rangée d'arbres, derrière lesquels des chaumières sont tapies dans la verdure.

Signé à gauche, en bas, des initiales : *Th. R.*

Dessin à la plume rehaussé de lavis d'encre de Chine, sur papier blanc.

Haut., 13 cent.; larg., 20 cent.

520 — *Entrée de bois.*

A gauche, le bois, aux grands arbres feuillus; à droite, de l'autre côté de la plaine, quelques arbres, puis, au fond, les maisons d'un village.

Dans le ciel, des nuages montrent leurs masses légères.

Dessin à l'encre de Chine sur carton.

Au verso, le cachet de la vente.

Haut., 37 cent.; larg., 55 cent.

ROUSSEAU (Th.)

521 — *Les hautes bruyères.*

Une plaine, puis des bruyères, puis, au loin, des collines parfois boisées.

Au ciel ensoleillé, de grands nuages blancs.

A gauche, en bas, le timbre de la vente.

Dessin à la plume sur papier crème

Haut., 19 cent. 1/2 ; larg., 28 cent.

522 — *Pâturages.*

La campagne monte en pente douce jusqu'à l'horizon.

Les prés sont agrémentés, de loin en loin, par des massifs d'arbres.

Au milieu, un troupeau de bœufs est en train de paître, sous la sérénité d'un ciel d'été.

Signé à gauche, en bas, du timbre de la vente.

Dessin à la plume, rehaussé de sépia, sur papier vergé chamois.

Haut., 19 cent. 1/2 ; larg., 31 cent.

523 — *En plaine.*

La plaine, quelques bruyères ; de place en place, de petites mares. Sur l'horizon, un arbre dresse au loin sa silhouette.

Signé à gauche, en bas, du monogramme : *Th. R.*

Dessin au crayon, rehaussé de blanc, sur papier gris.

Haut., 14 cent. ; larg., 27 cent.

524 — *Moutons au pâturage.*

A gauche, un arbre, au haut d'un pli de terrain ; à droite, dans une prairie, des moutons dispersés autour d'une mare. Un homme, vu de profil, un sac sur le dos, un bâton à la main, traverse la mare.

Dessin au crayon, avec des rehauts de blanc, sur papier mastic.

Haut., 34 cent. 1/2 ; larg., 50 cent. 1/2.

525 — *Étang dans la campagne.*

Un terrain mouvementé, planté d'arbres, à gauche, et déclinant vers un étang, où se réfléchit un bois qui borne l'horizon.

A droite, en bas, le timbre de la vente.

Dessin à la plume sur papier blanc vergé.

Haut., 11 cent.; larg., 16 cent

ROUSSEAU (Th.)

526 — *Dans la Mare.*

Dans la mare, les bœufs, après une chaude journée,
boivent et se rafraîchissent; autour d'eux, la campagne est
variée de champs, de prairies et de bois.
Signé à gauche, en bas, des initiales : *Th. R.*
Dessin au crayon, avec quelques rehauts de blancs, sur
papier gris.

Haut., 23 cent. 1 2: larg., 41 cent.

527 — *L'Étang.*

Autour de l'étang, les grands arbres, aux frondaisons printanières, se dressent et mettent au miroir de l'eau de profonds
reflets.
Signé à gauche, en bas, des initiales : *Th. R.*
Dessin au crayon sur papier chamois.

Haut., 30 cent.; larg., 46 cent.

528 — *Un Torrent dans le Jura.*

Au fond, la chaîne de montagnes; à droite, au bas de la
côte, les maisons d'un village ; à gauche, le torrent, coulant
entre des rives fleuries.
Signé à droite, en bas : *Th. Rousseau.*
Dessin à la plume sur papier crème.

Haut., 24 cent.; larg., 34 cent.

Vente Sensier, n° 143.

529 — *Une allée d'arbres.*

Au milieu de la campagne, où paissent des bœufs, une
allée d'arbres forme une voûte de verdure.
A gauche, en bas, le timbre de la vente.
Dessin au crayon, avec quelques rehauts de blanc, sur
papier gris.

Haut., 21 cent.; larg., 44 cent.

530 — *Clairière en forêt.*

Signé à droite, en bas, du timbre de la vente.
Dessin à la mine de plomb sur papier blanc.

Haut., 9 cent.; larg., 13 cent. 1 2.

ROUSSEAU (Th.)

531 — *La Mare.*

A gauche, en bas, le timbre de la vente.
Dessin à la plume sur papier blanc vergé.

> Haut., 11 cent.: larg., 14 cent.

532 — *Allée sous bois.*

A gauche, en bas, le timbre de la vente.
Dessin à la mine de plomb sur papier blanc.

> Haut., 25 cent. 1 2; larg., 20 cent.

533 — *Le petit pont de bois.*

A gauche, en bas, le timbre de la vente.
Dessin à la plume sur papier blanc.

> Haut., 18 cent; larg., 26 cent. 1 2.

534 — *Cavalier passant au bord d'une rivière.*

A droite, en bas, le timbre de la vente.
Dessin à la plume sur papier blanc vergé.

> Haut., 13 cent; larg., 20 cent. 1 2.

DANS UN MÊME CADRE :

535 — 1° *La grande chaumière.* — 2° *Arbres au soleil.* 3° *La Ferme.*

En bas, le timbre de la vente.
Dessin au lavis et à la plume sur papier crème et papier vergé.

> Haut., 12 cent., 9 cent., 11 cent. 1 2.
> Larg., 13 cent., 13 cent. 1 2, 14 cent. 1 2.

536 — *Une clairière.*

A gauche, en bas, le timbre de la vente.
Dessin à la plume sur papier blanc vergé.

> Haut., 12 cent.: larg., 15 cent. 1 2.

537 — *Route au bord d'un étang.*

A gauche, en bas, le timbre de la vente.
Dessin à la plume sur papier blanc vergé.

> Haut., 11 cent. 1 2; larg., 17 cent 1/2.

ROUSSEAU (Th.)

538 — *La Vallée.*

A droite, en bas, le timbre de la vente.
Dessin à la plume sur papier blanc vergé.

Haut., 12 cent.; larg., 13 cent.

539 — *La Passerelle.*

A droite, en bas, le timbre de la vente.

Haut., 12 cent.; larg., 17 cent.

540 — *L'Étang aux roseaux.*

A gauche, en bas, le timbre de la vente.
Dessin à la plume sur papier vergé.

Haut., 11 cent.: larg., 13 cent. 1 2.

541 — *A l'Orée du bois.*

A gauche, en bas, le timbre de la vente.
Dessin à la plume sur papier vergé.

Haut., 12 cent.; larg., 16 cent.

542 — *La Mare.*

A droite, en bas, le timbre de la vente.
Dessin à la plume sur papier crème.

Haut., 9 cent. 1/2; larg., 29 cent 1/2.

543 — *Bords de rivière.*

Signé à gauche, en bas, des initiales: *Th. R.*
Croquis à la plume sur papier blanc (papier à lettre vergé).

Haut., 11 cent. 1 2; larg., 14 cent. 1/2.

544 — *Collines et Vallée.*

Dessin au crayon sur papier gris.
A gauche, en bas, le timbre de la vente.

Haut., 16 cent.; larg., 27 cent. 1/2.

545 — *Clairière en forêt.*

Croquis à la plume sur papier blanc.
A gauche, en bas, le timbre de la vente.

Haut., 20 cent.; larg., 25 cent.

ROUSSEAU (Th.)

546 — *Chemin à l'entrée d'un bois.*

Dessin à la plume sur papier blanc.
A gauche, en bas, le timbre de la vente.

Haut., 20 cent.; larg., 29 cent.

547 — *Rochers et bouquet d'arbres.*

Dessin à la plume sur papier blanc.
A gauche, en bas, le timbre de la vente.

Haut., 17 cent.; larg., 28 cent.

548 — *Entrée de bois.*

Signé à gauche, en bas, des initiales : *Th. R.*
Dessin à la plume, rehaussé d'un lavis d'encre de Chine.

Haut., 13 cent.; larg., 20 cent

549 — *La Forêt.*

Dessin au crayon noir sur papier gris
Signé à gauche, en bas, du monogramme: *Th. R.*

Haut., 48 cent.; larg., 62 cent.

550 — *Mare au milieu d'un bois.*

A droite, en bas, le timbre de la vente.
Dessin à la plume, rehaussé d'un lavis de sépia, sur papier
maïs.

Haut., 9 cent.; larg., 12 cent. 1/2

SAINT-MARCEL (Edme)

551 — *Lion couché.*

A droite, en bas, le timbre de la vente.
Dessin au crayon, rehaussé de pastels, sur papier mastic.

Haut., 17 cent.; larg., 26 cent.

TRAVIÈS (Charles-Joseph)

552 — *Une tête de vieillard.*

De trois quarts à gauche, crâne dénudé, entouré d'une
étroite couronne de cheveux flottants ; grande barbe.
Signé à gauche, en bas: *C.-J. T.*
Dessin à la plume sur papier blanc.

Haut., 11 cent.; larg., 8 cent. 1/2.

TROYON (Constant)

553 — *Une brebis.*

Vue de trois quarts à droite et de dos, la tête tournée vers
la gauche.
Signé à droite, en bas : *C. T.*
Dessin au crayon sur papier gris, rehaussé de blanc.

Haut., 29 cent.; larg., 24 cent.

554 — *Bœufs couchés.*

Signé à droite, en bas : *C. T.*
Dessin au crayon sur papier blanc.

Haut., 8 cent.; larg.. 11 cent.

555 — *Vache vue de dos.*

Signé à droite, en bas : *C. T.*
Dessin au crayon sur papier mastic, avec quelques rehauts
de blanc.

Haut., 17 cent.; larg.. 13 cent.

VOLLON (Auguste)

556 — *Chemin à l'entrée d'un bois.*

Signé à droite, en bas : *A. Vollon.*
Dessin au crayon sur papier blanc rayé.

Haut., 19 cent. 1/2 ; larg.. 14 cent.

GRAVURES

BONINGTON (R.-P.)

557 — *Vue de Bologne (1828).*

Eau-forte in-8º, signée : *R. P. B.*

Catalogues Aglaüs Bouvenne et Béraldi, nº 64.

A propos de cette planche, M. Béraldi écrit :

> « Cette petite pièce suffit pour donner la conviction que
> Bonington eût été, s'il eût vécu, un des maîtres de l'eau-
> forte. Il change ici de tempérament en changeant de procédé.
> Lui, si enveloppé dans ses lithographies, montre dans la *Vue
> de Bologne* une fermeté, une franchise de morsure dans les
> lignes de constructions, qui font penser à ce que fera plus
> tard Meryon, »

Épreuve sur Hollande ; dans la marge du bas, on lit ce
mot : *Bologna.*

BRACQUEMOND (JOSEPH-FÉLIX)

558 — *Vue du Pont des Saints-Pères.*

Eau-forte in-4º, en largeur.

Voici comment M. Henri Béraldi décrit cette planche,
dans le livre qu'il a consacré à l'œuvre gravé de Bracquemond :

> « La vue est prise du Pont-Royal. Au fond, le dôme de
> l'Institut, Notre-Dame, le Palais de Justice. La pluie tombe
> à flots, et l'on voit un arc-en-ciel au-dessus du pont des
> Saints-Pères. A droite des bains est un bateau de charbon.
> Pour les besoins du pittoresque, les arbres du quai sont
> représentés bien plus en saillie qu'ils ne le sont réellement. »
> — BÉRALDI, nº 217.

L'une des dix épreuves du troisième état, avec la dédicace
du bas, à droite :

A Monsieur le conseiller Bachelier, Bracquemond, 1877.

Épreuve sur Chine volant, avant lettre.

BUHOT (Félix)

559 — *Les Fiacres, ou une Matinée d'hiver au quai de l'Hôtel-Dieu (1876).*

Eau-forte et pointe-sèche.
Cité par M. Raymond Bouyer.
Très belle épreuve sur Hollande, avant lettre.

COROT (Camille)

560 — *Souvenir de Toscane.*

Eau-forte in-8°, en largeur.
Deux épreuves avant lettre sur Hollande.
Épreuve avec la lettre (tirage de la *Gazette des Beaux-Arts*).

Catalogue Béraldi, n° 1.

561 — *Bateau sous les Saules (vers 1857).*

Eau-forte in-12, en largeur.
Épreuve du second état (reprises à la pointe-sèche), sur Chine.
Rome.

A appartenu à M. Robaut.

Catalogue Béraldi, n° 2.

562 — *Un Lac au Tyrol.*

Eau-forte in-8°, en largeur.
Épreuve avant lettre, sur papier pelure du Japon.
Très rare.

Catalogue Béraldi, n° 4.

563 — *Environs de Rome (1866).*

Eau-forte grand in-4°.
Deux épreuves avec la lettre.

Catalogue Béraldi, n° 6.

564 — *Paysage d'Italie.*

Eau-forte in-4°, en largeur.
Épreuve avec la lettre.

Catalogue Béraldi, n° 7

COROT (Camille)

565 — *Campagne boisée.*

Eau-forte in-12, en largeur.
Épreuve du deuxième état, sur Chine (la signature en bas,
à gauche, sur un coup de brunissoir).

Catalogue Béraldi, n° 8.

566 — *Vénus coupe les ailes de l'Amour (1870).*

Eau-forte in-4°, non signée.
Planche inachevée et inédite, appartenant à M. Robaut.
Épreuve sur Japon.

Catalogue Béraldi, n° 10.

567 — *Vénus coupe les ailes de l'Amour.*

Eau-forte in-4°, non signée.
Planche inachevée et inédite, appartenant à M. Robaut.
Épreuve sur Japon.

Catalogue Béraldi, n° 11.

568 — *Souvenir des Fortifications de Douai.*

Eau-forte in-4°, en largeur.
Planche inédite, appartenant à M. Rohaut.
Première épreuve, sur Japon.

Catalogue Béraldi, n° 12.

569 — *Le Dôme Florentin (1871).*

Eau-forte in-4°.
Planche inédite, non signée, appartenant à M. Robaut.
Épreuve n° 4, sur Japon.

Catalogue Béraldi, n° 13.

DAUBIGNY (Charles)

570 — *Souvenir du Morvan, l'Automne.*

Eau-forte in-8°, en largeur.
Épreuve sur Chine monté.

Catalogue Béraldi, n° 66.

DAUBIGNY (Charles)

571 — *Le Marais aux Cigognes*.

Eau-forte in-4°, en largeur.
Deux épreuves sur Hollande.

Catalogue Béraldi, n° 77.

572 — *La Plage de Villerville (Croquis d'une charrette)*.

Eau-forte grand in-4°, en largeur.
Épreuve sur Hollande, avant toute lettre.

Catalogue Béraldi, n° 80.

573 — *L'Arbre aux Corbeaux (1867)*.

Première pensée du tableau : *La Neige*, qui parut au Salon de 1873.
Eau-forte in-4°, en largeur.
Épreuve sur Chine monté, avant la lettre.

Catalogue Béraldi, n° 110.

DELACROIX (Eugène)

574 — *Duguesclin*.

Lithographie in-4°, pour les *Chroniques de France*.
Épreuve sur Chine du 1er état, avant toutes lettres.
On sait que cette lithographie fut signée par la suite *N. Roqueplan*. Il en existe quatre états successifs avec différentes lettres.
L'épreuve ici cataloguée est donc de toute rareté.

Catalogue Moreau, n° 46.

Catalogue Béraldi, cité sans numéro spécial.

Vente Diaz.

DESBOUTIN (Marcellin)

575 — *Le Bal (Canotier et Servante de Brasserie)*.

Pointe-sèche in-4°, signée du monogramme : *MD-1878*.
Belle épreuve avant toutes lettres, sur Hollande.

DESBOUTIN (MARCELLIN)

576 — *Le Violoncelliste (M. Lenaut jouant de la basse).*

Pointe-sèche in-4°, signée du monogramme : *MD*-1876.
Belle épreuve, avant toute lettre, sur Hollande.

577 — *L'Enfant au bol de lait.*

Pointe-sèche in-12.
Belle épreuve avant toute lettre, sur Hollande.

578 — *Enfant jouant au guignol.*

Pointe-sèche in-8° en largeur.
Épreuve, avant toute lettre, sur Hollande.

Catalogue Béraldi, n° 4

579 — *La Sortie de bébé.*

Pointe-sèche in-4°, signée en bas du monogramme : *MD.*
Belle épreuve avant toute lettre, sur Hollande.

Catalogue Béraldi, n° 9.

580 — *La Duchesse Colonna (Marcella).*

A mi-corps, de profil à droite, les doigts croisés sur les
genoux, la tête coiffée d'un chapeau rond à plumes.
Pointe-sèche in-4°, signée dans la marge du bas : *M. Desboutin.*
Belle épreuve sur Hollande, avant lettre.

Catalogue Béraldi, n° 14.

581 — *Chanteurs ambulants.*

Pointe-sèche in-folio.
Épreuve sur Hollande, avant toute lettre.

582 — *La Petite fille au chien.*

Pointe-sèche in-8°.
Une épreuve avant toute lettre, sur Hollande, du premier
état.
Une épreuve avant toute lettre, sur Hollande. du second
état, définitif.

DESBOUTIN (Marcellin)

583 — *La Femme au chien blanc.*

Mme Desboutin, assise dans un fauteuil et accoudée du bras droit, et tenant sur ses genoux un petit chien blanc.
Pointe-sèche in-12, signée en bas, dans la marge : *M. Desboutin.*
Belle épreuve sur Hollande, avant toute lettre.

Catalogue Béraldi, n° 3.

584 — *Poupon gigotant dans ses langes.*

Pointe-sèche in-8°.
Épreuve sur Hollande, avant toute lettre.

Catalogue Béraldi, n° 5.

585 — *Mlle Desboutin tenant un jeune enfant assis.*

Pointe-sèche in-4°.

Très belle épreuve avant toute lettre, sur Hollande.

Catalogue Béraldi, n° 10.

586 — *Portrait de M. Rouart, peintre et amateur.*

Tournée vers la droite, à cheval sur une chaise, la main droite sur la cuisse, la main gauche sur le dossier.
Pointe-sèche in-4°.
Épreuve sur Hollande avant toute lettre.

Catalogue Béraldi, n° 25.

587 — *Portrait d'Eugène Labiche.*

Pointe-sèche in-8°, signée en bas du monogramme : *MD.*
Épreuve sur Hollande, avant toute lettre.

Catalogue Béraldi, n° 93.

588 — *Alphonse Daudet.*

Pointe-sèche in-12 (la tête seule).
Épreuve sur Hollande, avant toute lettre

DESBOUTIN (MARCELLIN)

589. — *Portrait de Jenne femme.*

Pointe-sèche in-4°.
Signée à droite, en bas : *Desboutin, 1872.*
Épreuve d'état, sur Hollande.

FEYEN-PERRIN (FRANÇOIS)

590 — *Mélancolie.*

Eau-forte in-8°.
Épreuve sur Japon, avant toute lettre.

Catalogue Béraldi, n° 9.

591 — *La Chevelure.*

Eau-forte in-8°.
Épreuve sur Japon, avant toute lettre.

Catalogue Béraldi, n° 14.

592 — *Un Fumeur.*

Eau-forte in-8°.
Épreuve sur Japon, avant toute lettre.

Catalogue Béraldi, n° 29.

FORTUNY (MARIANO)

593 — *Marocain assis.*

Eau-forte in-12.
Très belle épreuve sur Chine volant, avant lettre.

Catalogue Béraldi, n° 19.

GÉROME (LÉON)

594 — *Le Fumeur égyptien.*

Eau-forte in-12 ; le cuivre est signé à rebours.
Épreuve sur Chine monté, avant lettre.

Catalogue Béraldi, n° 1.

GOSSET (Louis)

DIT

ANDRÉ GILL

595 — *L'Homme qui rit (Thiers).*

Pointe-sèche et eau-forte grand in-4°.
Épreuve sur Japon, avant toute lettre.

HADEN (Francis Seymour)

596 — *L'Écluse d'Egham (Egham Lock).*

Eau-forte in-4°, en largeur.
Épreuve sur Hollande, avant la lettre, avec la signature.
Publiée dans la *Gazette des Beaux-Arts.*

Catalogue Béraldi, n° 15.

597 — *Fulham.*

Eau-forte in-4°, en largeur.
Publiée dans *Étude à l'eau-forte.*
Signée à droite, en bas: *Fulham. H.*
Belle épreuve sur Japon, avant toute lettre.

Catalogue Béraldi, n° 19.

598 — *Planche d'Étude (Arbre et Rivière).*

Eau-forte inachevée.
Épreuve rare sur Japon.

599 — *La Tamise à Battersea, vue de la fenêtre de Whistler* (" *Old Chelsea, out of Whistler's window* ").

Eau-forte in-4°, en largeur.
Très curieuse épreuve du premier état, sur Hollande, état
qui fut publié dans la *Gazette des Beaux-Arts,* avec le *Catalogue de M. Ph. Burty.*
Planche détruite après le second état.

Catalogue Béraldi, n° 45.

HERKOMER (Hubert)

600 — *Words of comfort.*

Eau-forte grand in-4°.
Datée et signée, en bas: *H. H., 1879.*
Très belle épreuve sur Japon avant toute lettre.

HERKOMER (Hubert)

601 — *Souvenir de Rembrandt (Tête de vieille femme).*

Eau-forte in-4º.
Signée dans la marge, au crayon: *Hubert Herkomer.*
Citée par Béraldi.
Très belle épreuve sur Hollande, avant toute lettre.

HERVIER (Adolphe)

602 — *Maisons de village et Études de Figures rustiques.*

Eau-forte in-8º, en largeur.
Épreuve sur Chine monté.

Catalogue Béraldi, nº 1.

603 — *Marché dans un port normand (1848).*
Eau-forte in-12, en largeur.
Belle épreuve avant lettre.

Catalogue Béraldi, nº 21.

604 — *Vue de maisons avec deux moulins.*

Eau-forte in-8º, en largeur.
Paris, 1850, nº 24 de la suite de l'*Album Hervier.*
1º Épreuve avant toute lettre (encre bistrée, rare).
2º Épreuve sur Chine monté, avec l'*imprimatur* de Delâtre (encre noire).
Belle épreuve.

605 — *Marché normand.*

Eau-forte in-12, en largeur.
Sur l'enseigne de la maison de gauche, l'artiste a inscrit son nom: *Hervier.*
Épreuve sur Chine monté, avant lettre.

Catalogue Béraldi, nº 43.

606 — *Intérieur d'Église.*

Eau-forte in-8º.
Très belle épreuve sur Chine volant, avant lettre.

Catalogue Béraldi, nº 49.

HERVIER (Adolphe)

607 — *Les Barques de pêche.*

Eau-forte grand in-4°.
Belle épreuve, avec l'*imprimatur* de Delâtre.

Catalogue Béraldi, n° 53.

608 — *Barques de Pêche à Marée basse.*

Eau-forte in-18, 1851.
Épreuve avant lettre.

609 — *Femme puisant de l'eau.*

Eau-forte in-8°.
Épreuve sur Chine monté, avant lettre.

610 — *Femme en train de tuer une volaille.*

Eau-forte in-8°.
Épreuve sur Chine monté.

611 — *Intérieur de Ferme.*

Eau-forte in-8°, en largeur.
Épreuve sur Chine monté, avant lettre.

612 — *Barque de pêche 467.*

Eau-forte in-8°.
Épreuve sur Chine monté.

JACQUE (Ch.)

613 — *Troupeau de Porcs dans un bois (Décembre 1849).*

Eau-forte in-12 en largeur.
Épreuve sur Chine monté, avant lettre.

Catalogue Guiffrey, n° 144.

JONGKIND (JOHANN)

614 — *Démolition de la rue des Francs-Bourgeois-Saint-Marcel (1875).*

Eau-forte in-4° en largeur.
1° Épreuve avant lettre, sur Hollande (encre bistrée légèrement);
2° Épreuve avant lettre, sur Hollande (encre noire).

Catalogue Béraldi, n° 8.

615 — *Sur la Jetée de bois, à Honfleur (1865).*

Eau-forte in-4°, en largeur.
Une épreuve sur Hollande, avant lettre.
Une épreuve avec la lettre.

Catalogue Béraldi. n° 10.

616 — *Vue du Pont du Chemin de fer, Honfleur (1866).*

Eau-forte grand in-4°, en largeur.
Une épreuve sur Hollande avant lettre (état).
Une épreuve avec la lettre.

Catalogue Béraldi, n° 11.

617 — *Le Bassin du port et les quais, entrée du port de Honfleur (1863).*

Eau-forte in-4°, en largeur.
Une épreuve sur Hollande, avant lettre.
Une épreuve avec la lettre.

Catalogue Béraldi, n° 12.

618 — *Les Barques de pêche, sortie du port de Honfleur (1864).*

Eau-forte in-4°, en largeur.
Épreuve sur Hollande, avant lettre.

Catalogue Béraldi, n° 13.

JONGKIND (Johann)

619 — *Vue de la ville de Maaslins, Hollande (1862).*

Eau-forte in-4°, en largeur.
Une épreuve avant lettre, sur Hollande.
Uné épreuve avec la lettre.

Catalogue Béraldi, n° 14.

620 — *Soleil couchant, Port d'Anvers, Vue de l'Escaut (1868).*

Eau-forte in-4°, en largeur.
Épreuve sur Hollande, après la lettre.
Une épreuve qui semble avant lettre, parce que le nom a été coupé.

Suite Cadart, n° 14. — *Catalogue Béraldi*, n° 15.

621 — *Moulins, près de Rotterdam.*

Eau-forte in-8°, en largeur.
Deux épreuves sur Hollande, avant lettre.

Catalogue Béraldi, n° 17.

622 — *Pont sur un canal de Hollande (1873).*

Eau-forte in-4°, en largeur.
Deux épreuves sur Hollande, avant lettre.

Citées au *Catalogue Béraldi*.

LAMBERT (Eugène)

623 — *Une place enviée (1867).*

Eau-forte in-4°.
Épreuve sur Hollande, avant toute lettre.

LANÇON (Auguste)

624 — *Lion de Nubie (1876).*

Eau·forte in-4°.
Épreuve sur Chine volant, avant toute lettre.

LAURENS (Jean-Paul)

625 — *Victoire Franchart (au lit de mort).*

Eau-forte grand in-4°.
Très belle épreuve sur Japon, avant toute lettre.

Catalogue Béraldi, n° 3.

626 — *La Pouparde (Tête de petite fille).*

Eau-forte grand in-4°.
Très belle épreuve sur Japon, avant la lettre.

Catalogue Béraldi, n° 1.

LEGROS (Alphonse)

627 — *Les Pestiférés de Rome.*

Eau-forte grand in-4°, en largeur.
Épreuve sur Hollande, avant toute lettre.

Catalogue Béraldi, n° 60.

628 — *La Charrette brisée.*

Eau-forte in-4°.
Épreuve sur Hollande, avant toute lettre. Très rare.

Catalogue Béraldi, n° 87.

629 — *La Mort dans le Poirier (Sujet tiré du " Bonhomme Misère ").*

Eau-forte in-4°.
Belle épreuve sur Japon, avant toute lettre.

Catalogue Béraldi, n° 140.

630 — *La Mort et le Bûcheron.*

Eau-forte in-folio.
Épreuve sur Chine volant, avant toute lettre.
Rome.

Catalogue Béraldi, n° 142.

631 — *Les Mendiants aveugles.*

Eau-forte in-8°.
Épreuve sur Japon, avant toute lettre.

LEROLLE (H.)

632 — *La Paysanne à la brouette.*

Eau-forte grand in-4°, en largeur.
Épreuve sur Japon, avant la lettre.

LHERMITTE (Léon)

633 — *Un Vieux de la Vieille.*

Eau-forte in-8°.
Épreuve sur Japon, avant toute lettre.

Catalogue Béraldi, n° 18.

634 — *La Vendange.*

Eau-forte grand in-4°, en largeur.
Épreuve sur Japon, avant toute lettre.

Catalogue Béraldi, n° 20.

635 — *Marchandes de Poissons, à la Halle de Saint-Malo.*

Eau-forte grand in-4°.
Épreuve sur Hollande, avant toute lettre.

Catalogue Béraldi, n° 21.

636 — *Intérieur de Saint-Maclou.*

Eau-forte grand in-folio.
Épreuve sur Japon, avant toute lettre.

Catalogue Béraldi, n° 38.

MANET (Édouard)

637 — *Philippe IV, d'après Vélasquez.*

Eau-forte in-folio.

Catalogue Béraldi, n° 10.

638 — *Les Gitanos.*

Eau-forte in-4°.
Épreuve avec la lettre.

Catalogue Béraldi, n° 4.

MANET (ÉDOUARD)

639 — *Lola de Valence en danseuse.*

Eau-forte in-4°.
Épreuve avec la lettre.

MEISSONIER (ERNEST)

640 — *Le Sergent rapporteur.*

Eau-forte in-32 (très petite planche presque carrée).
Épreuve sur Chine monté; avec l'*imprimatur* de Salmon.

Catalogue Béraldi, n° 14.

MERYON (CHARLES)

641 — *La Tour de l'Horloge.*

Eau-forte grand in-4°.
Épreuve de tirage courant de *L'Artiste.*
Chine monté, avec la lettre.

Catalogue Béraldi, n° 42.

642 — *Le Ministère de la Marine.*

Eau-forte grand in-8°.
Épreuve avec la lettre, publiée par Cadart.

Catalogue Béraldi, n° 82.

MILLET (JEAN-FRANÇOIS)

643 — *Le petit Bêcheur.*

L'homme appuyé sur sa bêche, debout, de profil à gauche.
Une des premières eaux-fortes de Millet, eau-forte in-8°,
un seul état.
Épreuve sur Hollande.
Très rare.

Catalogues Alfred Lebrun et Béraldi, n° 4.

644 — *Mouton paissant.*

Eau-forte in-12 en largeur.
Une des premières planches de Millet; en manière de
plaisanterie, le maître l'avait signée en haut, à gauche : *Ch.
Jacque.*
Épreuve du second état, sur Hollande.
Très rare.

Catalogues Alfred Lebrun et Béraldi, n° 6.

MILLET (Jean-François)

645 — *La Baratteuse.*

Eau-forte in-8°, 1855.
Une première épreuve sur Hollande, ne portant ni signature ni *l'imprimatur*.
Rare.

Catalogue Béraldi, n° 11.

646 — *La Baratteuse.*

Eau-forte in-8°, 1855.
Épreuve sur Chine monté, avant toute lettre.
Belle épreuve.

Catalogue Béraldi, n° 11.

647 — *L'Homme à la Brouette (Paysan rentrant du fumier).*

Eau-forte in-8°.
Deux des premières épreuves sur Hollande, ne portant pas *l'imprimatur* de Aug. Delâtre.
Rare.

Catalogue Béraldi, n° 12.

DANS UN MÊME CARTON

648 — 1° *La Couseuse.*

Eau-forte in-12, 1855.

Catalogue Béraldi, n° 10.

2° *L'Homme à la Brouette.*

Eau-forte in-8°.
Épreuve sur Chine monté.
Belle épreuve.

Catalogue Béraldi, n° 12.

649 — *Les Glaneuses.*

Eau-forte in-4°, en largeur.
Une des premières épreuves sur Hollande, avant toutes lettres.

Catalogue Béraldi, n° 13.

MILLET (Jean-François)

650 — *Les Glaneuses.*

Eau-forte in-4°, en largeur.
Épreuve sur Chine monté, sans aucune lettre.
Belle épreuve.

Catalogue Béraldi, n° 13.

651 — *Les Terrassiers (Les Bêcheurs).*

Eau-forte in-4°, en largeur.

Burty s'exprime ainsi au sujet de cette planche :

> « L'action dévorante du soleil est exprimée avec une énergie terrible. Tout exprime l'idée de longues heures d'un labeur fatigant et accompli sans murmure. Les silhouettes de ces humbles travailleurs sont empreintes d'une simplicité touchante, mais il n'y a rien de vulgaire dans leur pose ni dans leurs vêtements ; ils font, en quelque sorte, partie de cette terre qu'ils arrosent de leur sueur, mais, par cela même, ils empruntent à son éternelle et indescriptible beauté quelque chose de sa rudesse et de sa grâce. ».

Épreuve de quatrième état de cette admirable planche, avec l'*imprimatur* de Aug. Delâtre.

Catalogue Béraldi, n° 14.

652 — *La Cardeuse.*

Eau-forte in-4°.
Très belle épreuve tirée *nature*, sur Hollande.
Très rare.

Catalogue Béraldi, n° 16.

DANS UN MÊME CARTON :

653 — 1° *La Gardeuse d'oies.*

Pointe-sèche in-8°.
A été reproduite dans le catalogue traduit par Keppel.
Épreuve très rare sur Chine volant.

Catalogue Béraldi, n° 17.

2° *La Fileuse.*

Eau-forte grand in-8°.
Épreuve du deuxième état, sur Hollande.
Très rare.

Catalogue Béraldi, n° 21.

MILLET (Jean-François)

3º *La Veillée.*

Deux femmes travaillant à la clarté d'un calon.
Eau-forte in-8º, 1856.
Épreuve sur Chine volant.
Très rare.

Catalogue Béraldi, nº 15.

654 — *Femme faisant manger son enfant.*

Eau-forte in-8º.
Une des premières épreuves de l'état définitif, avec la signature et la date de 1861, avant le tirage de la *Gazette des Beaux-Arts.*
Très rare.

Catalogue Béraldi, nº 18.

655 — *Femme faisant manger son enfant.*

Eau-forte in-8º.
Deux épreuves sur Hollande; une épreuve sur Chine monté.
Au bas de la planche, la signature : *J.-F. Millet, 1861.*
Il a été fait un tirage de cette planche pour la *Gazette des Beaux Arts* (article de Burty sur les eaux-fortes de Millet).

Catalogue Béraldi, nº 18.

656 — *La grande Bergère (1862).*

Elle est vue de trois quarts à gauche et tricotant.
Eau-forte in-folio.
Épreuve sur Hollande.
Très belle épreuve. Rare.

Catalogue Béraldi, nº 19.

657 — *Le Départ pour le travail.*

Eau-forte in-folio, 1863.
Cette planche, une des plus importantes de Millet, avait été exécutée par la *Société des Dix.*
Très belle épreuve sur Japon, état avec signature, avant l'état des *imprimatur.* Elle est tirée *nature,* ce qui laisse aux ombres toute leur transparence ; la lumière a ici toute son enveloppe.
Très rare.

Catalogue Béraldi, nº 20.

MILLET (Jean-François)

658 — *Bêcheur au repos.*

Planche in-8°.
Gravure de Pierre Millet.
Épreuve sur Chine volant, avant toute lettre.

Catalogue Béraldi, n° 34.

RIBOT (Théodule)

659 — *La Carte.*

N° 3 des *Scènes culinaires.*
Eau-forte, 1878, grand in-8°.
Citée par Béraldi.
Épreuve sur Hollande, avant toute lettre.

660 — *Le Déjeuner des cuisiniers.*

N° 5 des *Scènes culinaires.*
Eau-forte grand in-4°.
Citée par Béraldi.
Épreuve sur Hollande, avant lettre.

661 — *Un Cuisinier.*

Eau-forte in-4°.
Épreuve sur Chine volant, avant toute lettre.

ROUSSEAU (Théodore)

662 — *Chênes de roche.*

Eau-forte in-8°, en largeur, 1861.
Épreuve avant lettre, sur Hollande.
Tirage de la *Gazette des Beaux-Arts.*

Catalogue Béraldi, n° 4.

663 — 1° *Le Cerisier de la Plante-à-Biau.*

2° *La Plaine de la Plante-à-Biau.*

Héliographies sur verre, in-4° en largeur.
Citées par Béraldi.
Épreuves rares.

ROYBET (Ferdinand)

664 — *Le Sac de Dinan.*

Eau-forte in-4°.
Très belle épreuve sur Hollande, avant toute lettre.
Gravée en 1868.

Catalogue Béraldi, n° 7.

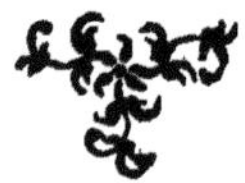

BRONZES

BARYE (Antonin-Louis)

665 — *Cerf marchant, le pied droit levé et la tête haute.*

Bronze. Haut., 5o cent.
Long. de la plinthe, 5o cent.

Exposition Barye, 1889, nº 133.

666 — *Cheval attaqué par un lion.*

Bronze. Haut., 40 cent.
Long. de la plinthe, 29 cent.

Exposition des Beaux-Arts, 1875, nº 3o.

Vente posthume de Barye, 1876.

667 — *Python enlaçant une gazelle.*

Bronze. Haut., 17 cent.
Long., de la plinthe, 39 cent.

Catalogue Barye, nº 146.

Exposition Barye, 1889, nº 127.

Exposition des Beaux-Arts, 1875, nº 282.

668 — *Cheval demi-sang, la tête baissée.*

Bronze. Haut., 19 cent.
Long. de la plinthe, 25 cent.

Exposition Barye, 1889, nº 123.

Catalogue Barye, nº 94.

Exposition des Beaux-Arts, 1875, nº 236.

BARYE (Antonin-Louis)

669 — *Cerf aux écoutes.*

Bronze. Haut., 19 cent.
Long. de la plinthe, 16 cent.

Vente posthume de Barye.
Catalogue Barye, n° 112

670 — *Arabe tuant un lion.*

Bronze. Haut., 39 cent.
Long. de la plinthe, 29 cent.

Catalogue Barye, n° 8.
Exposition à l'École des Beaux-Arts, 1875, n° 159.
Vente posthume de Barye, 1876.

671 — *Cheval surpris par un tigre.*

Première épreuve tirée sur le modèle.

Bronze. Haut., 26 cent. 1/2.
Long. de la plinthe, 34 cent.
Exposition Barye, 1889, n° 135.

672 — *Basset debout.*

Bronze. Haut., 11 cent.
Long. de la plinthe, 15 cent.

Catalogue Barye, n° 34.
Exposition Barye, 1889, n° 118.

Très ancienne épreuve.

673 — *Cerf qui brame.*

Bronze. Haut., 18 cent.
Long. de la plinthe, 18 cent.

Exposition Barye, n° 132.

674 — *Cheval turc, le pied droit levé.*

Bronze. Haut., 29 cent.
Long. de la plinthe, 29 cent.
Vente posthume de Barye, 1876.
Catalogue Barye, n° 97.
Exposition Barye, 1889, n° 125.

BARYE (Antonin-Louis)

675 — *Singe monté sur un guon (antilope).*

Bronze. Haut., 23 cent.
Long. de la plinthe, 25 cent.

Vente posthume de Barye.

Catalogue Barye, n° 19.

Exposition Barye, 1889, n° 116.

Exposition des Beaux-Arts, 1875, n° 170.

676 — *Cheval percheron.*

Bronze. Haut., 20 cent.
Long. de la plinthe, 16 cent.

Vente posthume de Barye.

Catalogue Barye, n° 208.

Exposition Barye, 1889, n° 128.

Exposition des Beaux-Arts, 1875, n° 239.

677 — *Deux chiens, épagneul et braque,*
en arrêt sur des perdrix.

Bronze. Haut., 13 cent.
Long. de la plinthe, 25 cent.

Catalogue Barye, n° 29.

Exposition Barye, 1889, n° 117.

Exposition des Beaux-Arts, 1875, n° 182.

678 — *Gazelle d'Éthiopie, datée 1837.*

Bronze. Haut., 9 cent.
Long. de la plinthe. 11 cent.

Exposition Barye, 1889, n° 126.

Catalogue Barye, n° 123.

679 — *Taureau cabré.*

Bronze. Haut., 22 cent.
Long. de la plinthe, 29 cent.

Exposition Barye, juin 1889, n° 129.

Catalogue Barye, n° 126.

BARYE (Antonin-Louis)

680 — *Jaguar qui marche.*

(N° 2).

Bronze. Haut., 12 cent.
Long. de la plinthe, 22 cent.

Exposition Barye, 1889, n° 121.

Catalogue Barye, n° 71.

681 — *Lion au serpent.*

(N° 1, GRAND MODÈLE)

Bronze. Haut., 26 cent.
Long. de la plinthe, 35 cent.

Catalogue Barye, n° 41.

632 — *Lion au serpent.*

(N° 3, ESQUISSE)

Bronze. Haut., 15 cent.
Long. de la plinthe, 16 cent.

Exposition Barye, 1889, n° 120.

Catalogue Barye, n° 43.

683 — *Cerf surpris par un tigre.*

Bronze. Haut., 36 cent.
Long. de la plinthe, 54 cent.

684 — *Cerf terrassé par un tigre.*

Bronze. Haut., 33 cent.
Long. de la plinthe, 47 cent.

Exposition Barye, n° 134.

PARIS

IMPRIMERIE GEORGES PETIT

12, RUE GODOT-DE-MAUROI, 12.